Luter Kreihnschiet

Düt Book is mien Enkelkinner,
de Plattdütsch-Snackers vun morgen,
widmet.

Annekatrin Detlef

Luter Kreihnschiet

Vel grön un gel
toon snacken, utprobeern un speeln

Herausgegeben von Annekatrin Detlef, Reeperbahn 11, 23769 Burg/Fehmarn

Vertrieb: Detlef-Verlag, Reeperbahn 11, 23769 Burg/Fehmarn
Telefon: (04371) 87834
Fax: (04371) 87835
Graphische Gestaltung: Claudia Czellnik
Zeichnungen: Enkelkinder

Satz: Fotosatz Husum GmbH
Herstellung: Husum Druck- und Verlagsgesellschaft, 25813 Husum

ISBN 3-9802267-4-3

Vorwort

Wat deit man nich allns, üm uns plattdütsche Spraak lebendig to holln.

De Tieden hebbt wi hat, as dat het „De kann man blots Platt“. Dat wör so abwertend seggt, un hüt fallst op, wenn een Platt snackt un denn kriegst to hörn: „Wat, du kannst plattsnacken, dat mag ik gern hörn.“

Uns Kinner un Enkelkinner schullen wi bitieden doch plattsnacken bibringen, dormit man nich sien blaues Wunner erlewt, as nülich een Grootöllernpoor.

De beiden snackt veel platt tosamen, dor meen doch ehr lütt Enkelkind: „Welche Sprache sprecht ihr denn?“

Fang dien Dag doch glieks mit „Moin, moin“ oder „Gooden Dag“ an, ik glöw, dat bringt wat.

Körtli harrn wie Besök, wör platt snackt. Ik wull nu weten, ob se mit ehr Kinner ok platt snackt. „Nee, dat nich, ik schimp blot op Platt mit ehr“, seggt een Mudder.

„Du verdreihte Deern, du kriggst Jackels“ hört sik ok gorni so schlecht an. De plattdütsche Spraak is ok dor noch gemütlich un sinnig.

Ok veele sinnige un unsinnige Snacks de ik siet mien Kinnertied sammelt hew, beleewt düt Book. Veele Verse wörn mi vun plattdütsche Frön und Autorn öwergewen.

Ik wör mi högen, wenn de Leser dor uk so vel Frei anhett as ik.

In plattdütsch kannst di vel beter verwörn as in hochdütsch. In düssen Sinn:

„Plattdütsch left hoch.“

Lütte un grotte Lüd wünsch ik mit düt Book veel vergnögte Stünn.

Annekatrin Detlef

Plattdütsch snacken!

Kannst du hochdütsch klönen
Un ok engelsch stöönen. –
Deist gar spanisch sabbeln,
Botokudisch babbeln. –
Kannst in hunnert Spraken
di verständli maken: – –

Schall't natürli klingen,
So as Vagelsingen,
Wullt du lachen, weenen,
Deist dat eernsthaff meenen,
Schallt an't Hart di packen, –
kannst blots plattdütsch snacken!

Jep Nissen Andersen

Reizstecken

Da fällt mir gerade eine kleine Begebenheit aus meiner Kindheit ein. Ich sollte Zündhölzer beim Kaufmann holen, auf Platt „Rietsticken".

Platt wollte ich meinen Wunsch wohl nicht äußern. Was kam dabei heraus, ich verlangte „Reizstecken". „Nu ward rieten" mag da in meinem Gesicht zu lesen gewesen sein oder „let ik gor een rieten".

Das erste war der Ausdruck der Verwunderung, das zweite kam per Druck hinten heraus.

Snack doch Platt, denn passeert soon Malheur nich...

Wi hebbt uns Kinner plattdütsch to Bed bröcht, d. h. abends in Bed hebbt wi ehr op Platt vun uns Arbeit un Erlebnisse vertellt un de Kinner hebbt denn uk op Platt wat frogt. In Vörlesewettbewerb hebbt se mitsnackt un uk Prise kreegen. Dat het uns bannig freit.

Wer dat nich ok een Weg plattdütsch to leern?

Lütt beten Vagelsang,
een lustig Leed,
lütt beten Lachen
un een Winken öwer'n Tuun,
een fründli Wort
un een lütt beten Leev,
dat is as Sünnenschien
op uns Alldagsweg.

Plattdütsch levt, uns Moderspraak

Bün ik erst mol in de School,
ward dat Lernen mi to Quaal,
lesen, schrieven, dütt und dat,
un een Fremdspraak ok noch: Platt.

Platt snackt blots de ole Lüüd,
un de weet, wat dat bedüd.
Doch wi Lütten lernt dat ok,
glövt uns dat, wi sünd doch klook!

Hört mol Lüüd, nu weet jüm dat,
in unse School, door snackt man Platt.
De Öllern singt mit ehre Görn,
un so sünd wi hüüt to hören.

Ole un ok junge Lüüd
weet wat düsse Spraak bedüd.
Wi makt dat so unse Saak:
Plattdüütsch levt, uns Moderspraak!

Ute Biemüller

Spröök von Hans Hansen Palmus

Dat Lewen mahlt uns Dagen
mal groff un ok mal fien;
wi brukt den Storm un Regen
un ok mal Sünnenschien.

*

Gifft ok dat Lewen mennimal
to knacken harte Nööt,
löppt liekers doch so af un an
dat Glück uns in de Mööt.

Marks Müüs

Wöör & Wies: Ute Biemüller

2. De Kreih sitt boben op den Boom
un gnägelt vör sick her.
De Voss will se t'on Freten hebb'n
un lüstert op to ehr!

Marks Müüs, ...

3. Dat Peerd klabastert övern Hoff
un springt in Aantenpool.
De Gössels piept: „De mag dat hebb'n,
de föhlt sich bi uns wohl!"

Marks Müüs, ...

Ute Biemüller

Lütt Annemuusch

Lütt Annemuusch geit nu to School,
wat is dat doch een Fest.
Un malen, schriven, lesen lehr'n,
dat is dat Allerbest!

Se weet nu al een fein Geschicht,
kann „i" un „een un een".
Se steit nu morrns mit Vadder op
un wascht sik gans alleen.

Nu geit lütt Annemuusch to School
un deit dat bannig geern;
se speelt nich mit de Lütten mehr,
se is nu een ganz „grote Deern"!

Hans Hansen Palmus

Annkatrin

Annkatrin, och, Annkatrin,
hör, wat klingt de Vigelin.
Denk doch an dien Sorgen nich,
mak een froh un hell Gesicht.
Hest du leeve, gode Frünn'
schient di warm de blanke Sünn,
denn lach un sing, denn danz un spring,
geneet de Tiet, geneet den Wien,
denn öwer Nacht, eh du hest dacht,
kannst een verdrögte Bloom du sien!
Annkatrin, ach, Annkatrin,
hör doch op de Vigelin!

Hans Hansen Palmus

Minka

Uns lütt Katt, de Muschi Minka,
is man eben erst een Johr;
hett so lustig-blanke Ogen
un so siedenweeke Hoor.

Kiek, wat is uns Minka nüdli,
wenn se sick so putzt un dreit.
Nee, se drifft nich lank de Straaten,
as dat Nawers Peder deit.

Nawers Peder, de ol Kater,
süht so ruch un struntig ut,
jagt bi Nacht dörch Gorns un Wischen,
hett in jeder Huus een Bruut.

Uns lütt Katt, dat is een Prachtstück,
is so smuck un schier un grad; –
nee, för Nawers Kater Peder
is uns Minka veel to schad.

Sünndag hett se Junge kreegen; –
nu kenn ik mi nich mehr ut!
Alle fief, so as se dor sünd,
seht as... Nawers Peder ut!

Hans Hansen Palmus

Kniereiterlied

Hoppla, hoppla Möhlen
Carsten op de Föhlen,
Nils op de bunte Koh
so ried se beid na Möhlen to
hopp, hopp, hopp,
mit den Scheepel Weiten
de Müller schall dat gäten
de Müller güt dat in den
Rumpelpumpelschlund.
Hoppla, hoppla, hopp.

(Kniereiterlied, bei Rumpelpumpel
fallen die kleinen Kinder vom Knie)
überliefert von Kalli Klüver

Kickel, kackel, Holsteen,
wovel sünd dorbin.
(Steine oder Nüsse in der hohlen Hand schütteln
und dann erraten lassen, wieviel es sind)
1 = Kickel 2 = Kackel 3 = Holsteen, abzählen.

Kitz, Katz, Kater linge lank dat Water.
(mit einem flachen Stein versucht man
diese möglichst lange auf der Wasseroberfläche
entlang zu werfen)

Ein Hund lief in die Küche

Ein Hund lief in die Küche
und stahl dem Koch ein Ei.
Da nahm der Koch den Löffel
und schlug den Hund entzwei.

Da kamen alle Hunde
und gruben ihm ein Grab,
und setzten ihm ein Denkmal,
das folgende Inschrift hat:

Ein Hund lief in die Küche
und stahl dem Koch ein Ei...
...

Kreihnschiet

Dat wer mal'n lütt Puttfarken,
ik wüss ni, wo ik em steken schull,
hier ni, dor ni, aber dor, dor, dor.
(Man tickt mit dem Finger auf den Bauch des Kindes
und zuletzt am Hals, wo es am kitzeligsten ist.)

Schinkenkloppen

Ein Kind beugt sich vorne über und die anderen Kinder stehen hinter ihm und klopfen nun wahllos dem Kind auf den Po (Schinken). Sobald erraten wird, wer geklopft hat, beugt dieses Kind sich vorne über.

Kringelbieten

Nach einem aufgehängten sich bewegenden Kringel soll geschnappt werden, oder: Alle sitzen im Kreis und ein Kringel darf nur per Mund weiter gereicht werden, es darf auch abgebissen werden.

Erinnerung an meine Kindheit

Dunkel war's, der Mond schien helle,
Schnee lag auf der grünen Flur,
als ein Wagen blitzeschnelle
langsam um die Ecke fuhr.

Drinnen saßen stehend Leute,
schweigend im Gespräch vertieft,
als ein totgeschossner Hase
auf der Sandbank Schlittschuh lief.

Und ein blondgelockter Jüngling
mit kohlrabenschwarzem Haar
saß auf einer grünen Banke,
die rot angestrichen war.

Neben ihm 'ne alte Schrulle,
die kaum achtzehn Jahr alt war,
diese aß'ne Butterstulle,
die mit Schmalz bestrichen war.

Speel

Ik kniep di in de Back un du lachst ni mal.

Die Kinder sitzen im Kreis, der Reihe nach „kneift" jedes seinen Nachbarn einige Male in die Wangen, ein Kind hat rußgeschwärzte Finger, es darf nicht gelacht werden, wer lacht zahlt ein Pfand.

Schüttelreim

Im Grinterhund einer Grappelpuppe
saß ein Piebeslärchen
und aß Nokosküsse,
da kamen ein Mulscheister
und ein Leichenzehrer
und malten ihre Rattenschisse
an die Wand.

Im Hintergrund einer Pappelgruppe
saß ein Liebespärchen
und aß Kokosnüsse
da kamen ein Schulmeister
und ein Zeichenlehrer
und malten ihre Schattenrisse
an die Wand.

Kaiser, König, Edelmann

Speel:
Kaiser, König, Edelmann, Buur, Beddelmann, es können auch mehr Namen erfunden werden, je nach Anzahl der Kinder.

Die Kinder stehen im Kreis je 2–4 m auseinander, jedes hat einen Namen und im Kreis einen Standort markiert. Sie werfen sich einen Ball zu, wer ihn nicht fängt, muß seinen Standort verlassen und der leere Platz darf nun von den anderen Kindern erobert werden, alle möchten gerne Kaiser oder König sein, Bettelmann keiner.

Wolf un Gös (Spiel)

Mitspieler: 1 Gänsemutter, viele Gänsekinder und 1 Wolf

Die Mutter ruft: All mien Gös kaamt na Huus. (Die Gänse stehen in einiger Entfernung von der Mutter, in der Mitte lauert abseits der Wolf.)
Die Gänse antworten: Wie keunt nich.

Mutter:	Woför nich
Kinder:	För de Wolf nich.
Mutter:	Wo sitt he denn?
Kinder:	Achtern Barg.
Mutter:	Wat maakt he dor?
Kinder:	Leggt Eier.
Mutter:	Wie veel?
Kinder:	Dree gel.
Mutter:	Wie lang?
Kinder:	As'n Bank.
Mutter:	Wie groot.
Kinder:	As'n Brood.
Mutter:	All mien Gös kaamt na Huus.

Die Gänsekinder rennen zur Gänsemutter und der Wolf versucht ein oder mehrere Kinder zu fangen, die dann seine Helfer werden.
Das Spiel wiederholt sich solange, bis alle Gänse gefangen sind.
Dieses Spiel habe ich noch oft mit meinen Kindern gespielt.

Dor hesst'n Daler, gah to Markt,
kööp di ne Koh un dat Kalw dorto.
(das Händchen des Kindes kitzeln)

Rätsel *(Kreihnschiet)*

Was ist das?
Tweebeen seet op Dreebeen un melk Veerbeen. (Melker)

Ward nich kaakt un ward nich eten un smeckt doch veel'n good. (Kuß)

Wat deit man, wenn man to Bed geit? (man maakt dat Bed full)

Hett'n Kamm un kämmt sich nich. (Hahn)

Wat för en Unnerscheed is twischen en Kutsch un Brennetteln.
Antwort: Kannst di mal rinsetten, denn weetst du dat.

„Segg mal dusen." Antwort: „Dusen."
„Hesst Kattenschiet achter de Kusen."

„Wo is Rom?" Antwort: „Op de Melk."

„Wie kaamt de Arfen öwer'n Sund?" Antwort: „Rund"

Drög Gras, wie ward dat mit dree Bockstaben schreben? Antwort: Heu.
Nä: D A T

Wie ward drög Gras mit dree Bookstaben schreben? – „H E U"

Kinderreime

Bimmel, bammel-beier, uns Wiebke mag keen Eier, wat mag se denn?
Speck in de Pann, Wiebke is en Leckermann.

Buck, Buck stöt mi ni
Hafergrütt mag ik ni
Wetengrütt et ik ni,
Buck, Buck stöt mi ni
(wenn Kinder trotzig sind, wurde es gesungen)

Johann, spann an,
dree Katten voran
dree Müs vörut
Na'n Blockbarg herup

Farken steken, Würstchen maken,
dat schall seggen: quiek, quiek, quiek.
(Kleine Kinder haben Freude daran, wenn sie gekitzelt werden)

De Appel fallt nich wied vun Stamm, so as dat Schaap is ok dat Lamm.

Kannst Katenschied in Düstern rücken. (wenn einer sehr schlau sein will)

Dat schaad mien Mudder gor nix, dat mi de Feut frert, worüm lett se mi bard lopen.

Dat schaad mien Mudder gor nix, dat mi de Hen frert, worüm strikt se mi keen Handschen.

Kreihnschiet

Storch, Storch goder, bring mi'n lütten Broder
Storch, Storch bester, bring mi'n lütte Swester,
Swester kannst du weller kriegen,
Broder mag ik lewer lieden.

Segg mal op plattdütsch:
„Ich habe einen offenen Kopf."
„Ik heff en Apenkopp."

Lott is dood, Lott is dood, Jule liegt in Graben,
wat makt he dor, wat makt he dor,
he dreiht denn Mors na baben.

Kulen in de Backen, Schelm in Nacken.
Kulen in Kinn, Schelm in Sinn.
(wenn jemand Vertiefungen in der Backe oder im Kinn hat.)

Wenn een in't Lewen
trechkamen will,
denn hört darto lütt beten Gripps,
dat groote Muulwark
deit dat nich,
ok nich een neemodschen Slips.

Getränke

Wenn ein Tag nicht sonnig ist,
so braucht er deswegen noch lange nicht dunkel sein.

Apfelbowle

Rotwangige, knackige Äpfel in kleine Stücke schneiden,
1 Fl. Apfelkorn auffüllen
1 Fl. Bitter Lemon
1 Fl. Mineralwasser oder Sekt
frische Pfefferminsblätter

Dat wer'n Sluck ut de Buddel (Glück und Erfolg gehabt)

Beten Schiet schürt'n Mogen rein. (Jeder muß ein paar Löffel Schmutz essen, nicht so pingelig sein)

Se hett Rosinen an'n Mund. (Ausschlag)

He hett'n Lütten in de Kron. (ist betrunken)

Dat smeckt as Knüppel op'n Kopp. (schmeckt nicht)

Erdbeerlikör

250 g Erdbeeren
250 g weißer Kandis
Schale einer Orange
1/2 l 54% Rum
alles 3 Wochen im Gefäß stehen lassen, ab und zu umrühren, dann in Flaschen abfüllen.

Mi löppt dat Water in 'n Mund tosamen.

De Fisch will swimm. (man wird durstig)

He kann mehr as Brod eten. (hat besondere Gaben)

Legg di op'n Rüch un laat di vun de Sünn in Mund schienen, dann hesst wat Warmes in Lief.

Suup, kriggst Karakter. (Aufforderung zum Trinken)

Kaffeecremelikör

6 gehäufte Teel. Pulverkaffee in etwas kochendem Wasser auflösen.
10 Eigelb mit 250 g Puderzucker rühren
etwas Vanillemark
1/4 l Sahne vorsichtig an die Creme geben,
1 Fl. Weinbrand unterrühren.
Likör kühl stellen und bald verbrauchen.

Eten un Drinken un Nixdon, dor kann man old bi warm.

Kiek vel Ogen rin, awer nich rut. (eine fettarme, dünne Suppe, ohne Fettaugen)

Dat Halslock is man'n lütt Lock, awer dor geiht'n Barg dörch.

De nich kümmt to rechte Tied, de geiht de Mahltied quiet. (wer nicht kommt zur rechten Zeit, der muß essen, was übrig bleibt)

Kaffee-Orange-Likör

In 2 ungespickte Orangen ca
100 Kaffeebohnen stecken, mit
2 l Schnaps übergießen.
6 Wochen ziehen lassen,
durchsieben.
1 l Wasser und 500 g Zucker
aufkochen, erkalten lassen und
mit dem Likör mischen.

Vel Ogen maakt den Kohl ok ni fett. (Viele Esser und mageres Essen)

Watt'n good Swien is, fritt allns. (kein Kostverächter)

De Wind weicht wull'n Hupen Sand tosamen, awer keen dicken Mors. (von nichts kommt nichts)

Wat'n Leben in de Marsch, Pannkoken in Tasch un doch nix to eten. (Pannkuchen zählen nicht)

Dor kriggst Lüs vun in Buuk. (vom vielen Wassertrinken)

He leddert sick den Buuk vull. (Vielfraß)

Kakaolikör

500 g Zucker }
1/4 l Milch } aufkochen
1/4 l Milch }
60 g Kakao } aufkochen, dann beides mischen u. 5 Min. köcheln lassen, auskühlen lassen, 2 V-Zucker dazu u. 1/4 l Rum oder mehr hinzufügen. Kaltstellen und bald probieren.

„Wöllt wi noch nich Middag maken?" (Mittagspause)
„Ne, dat makt de Fruunslüd."

Leckertähn, magst ok grön Seep?

Wenn't all is, hölt Lungern op.

Fall man nicht ut de Plünn.

Di kann man dat Vaterunser dörch de Backen blasen.

Kirschlikör

250 g Schattenmorellen entsteinen
15 aufgeklopfte Kirschkerne
1 Zimtstange
3 Nelkenköpfe
1/2 Schale einer Zitrone (unbehandelt)
175 g Zucker
1 Fl. Korn

Alles auf Flaschen füllen u. 3 Wochen ziehen lassen, dann filtern (Kaffee-filter) und abfüllen.
Kirschen sind noch für Eis u.s.w. zu verwerten.

Duun sien vergeiht, awer dösig sien blifft.

Wat gifft dat to Meddag?
Steck in Mund un Sluck dal.

Wenn du dat nich magst, müßt dat dalslucken. (wenn Kinder nörgeln)

Beter een Lünk in de Hand, as 'n Duuv op'n Dack. (Lieber den Spatz in der Hand als die Taube auf dem Dach)

Maibowle

Waldmeister abspülen
Schale einer Apfelsine } 2 Std. ziehen lassen
1/2 Fl. Weißwein

2 Apfelsinen filetieren, in Stücke schneiden, zuckern, Waldmeisterwein dazu sieben, wenn der Zucker sich aufgelöst hat.

1 Fl. Weißwein
1 Fl. Sekt
hinzufügen.

Melodie: *Oh, Tannenbaum*

Einen haben wir schon,
zwei kriegen wir noch,
drei können wir auch vertragen,
und wenn der vierte auch noch schmeckt,
dann wird der fünfte ausgeleckt.
Einen haben wir schon,
zwei kriegen wir noch
drei können wir auch vertragen.

Ostseebowle

2 Flaschen Weißwein
1 Flasche Wodka
1 - 2 Flaschen Orangensaft
1 - 2 Flaschen Sekt
1 l Paket Vanilleeis

Alle Zutaten in ein Bowlegefäß geben, Eis und Sekt zuletzt oder je eine Eiskugel in das Glas geben und mit der Bowle auffüllen.

Köm her, Köm her oder ik fall üm,
krieg' ik denn keen Köm un Beer,
danz ik mit de Deerns ni mehr.
Köm her, Köm her oder ik fall üm.

Pfefferminzlikör

1 Paket Zitronensäure in 1/4 l Wasser lösen
1 Handvoll frische Pfefferminz dazu und
alles 2 Tage ziehen lassen.
250 g Kandiszucker und 1 Fl. Schnaps
auffüllen, alles stehen lassen bis sich
der Zucker aufgelöst hat.
Etwas grüne Lebensmittelfarbe.

Wat heßt du för'n dicken Buuk! Ja, de hett ok veel Kauen kost.

Denn een sien Dood is den annern sien Brod.

Krank as'n Hohn, mag gern eten un nix doon.

Ümmer möd, hungeri un vergrätz. (de holsteensche, fehmarnsche Krankheit)

Russische Bowle

von Britta Hennings

2 Gläser Kirschen mit Saft
1/2 Flasche Wodka oder mehr ansetzen
2 1/2 Fl. Bitter Lemon
1 Pckg. Vanilleeis in Würfel schneiden
und kurz vor dem Servieren in die Bowle
geben.
Alles sehr kalt zusammen mischen.

Trinklied

Melodie aus Verdi's *Nabucco „Gefangenenchor“*

Ja, wir wollen so gern einen heben
aber keiner ist da, der die Rechnung bezahlt. (2 x singen)
Refrain: Die Gläser sind leer, leer, leer
Wir wollen noch mehr, wollen noch mehr.
Wo ist der Mann, Mann, Mann,
der einen ausgeben kann.
Refrain: Die Gläser sind leer, leer, leer
Wer nicht liebt Wein, Weib und Gesang
bleibt ein Narr ein Leben lang.
Refrain: Die Gläser sind leer, leer, leer ...

Sektcocktail

2 cl Orangenlikör
2 cl Orangensaft, frisch gepreßt
1/2 cl Zitronensaft
1 Spritzer Grenadine
alles mit Eis schütteln, dann in Sektgläser verteilen und mit Sekt aufgießen.

Vun all de Mehlspiesen is Köm (aus Korn) mien best.

Muul as'n Koh un doch allns bito (wenn jemand beim Essen kleckert)

Se lacht sik'n Kringel an Buuk.

Wie en Mensch itt, so is he. (Eßmanieren offenbaren einen Menschen)

Ik wull dat alle Doog Sündag wer un Eten un Drinken mien Handwerk wer.

Laat uns man noch mal drinken, denn ward wi nich so licht döstig. (Laßt uns man trinken, dann werden wir nicht so schnell durstig)

Man snackt wol vun dat vele Supen, awer nich vun den groten Döst.

Wat gifft dat to eten? Wat op'n Disch kümmt!

Vanillesahnelikör

2 Vanilleschoten
100 g gemahlene Mandeln } aufkochen
1/2 l Sahne u. 10 Min. köcheln

Durch ein Mulltuch seihen und an die Ei-Zuckermasse geben.

3 Eigelbe
125 g Puderzucker } schaumig rühren.

Vanilleschoten ausschaben und dazu geben

1 Fl. Wodka dazu.

Vor dem Servieren schütteln.

Ik se di – Dat freit mi – Ik sump di to. – Dat do – Ik heff di tosapen – Dor hest du denn rechten drapen!

Halfdunn is wegsmeten Geld.

Weihnachtspunsch

1 Fl. Burgunderwein
1/2 Fl. Rheinwein
1/4 Fl. Rum
Saft von 2 Zitronen
1/2 l Wasser
350 g Zucker } klarkochen,
die anderen Zutaten hinzufügen und fast zum Kochen bringen. Ananassaft oder Himbeersaft als Geschmacksträger.

Suup di duun un freet di dick un hol dien Muul von Politik.

Wülk Lüd künnt dat Halslock nich öhr vull kriegen öhr se't vull Eer hebbt. (gestorben)

De Swien höllt, hett Speck, de Duben höllt, hett Dreck.

Rüdesheimer Kaffee

Zunächst pro Portion 0,04 l Asbach uralt auf 50° erhitzen.
Tassen anwärmen.
Guten Kaffee bereiten, Würfelzucker, steife Schlagsahne mit V-Zucker gezuckert, bittere Schokoladenraspel bereit halten.
In die Tassen ca 3 Stck. Würfelzucker, dann den Asbach darauf und anzünden. (langes Streichholz, mit einem Löffel das Feuer weitergeben)
Die Tassen 1-2 min. brennen lassen, mit dem Teelöffel rühren damit der Zucker sich auflöst. Den heißen Kaffee bis 2 cm unter den Tassenrand eingießen, eine üppige Sahnehaube aufsetzen, bittere Schokoladenraspel darüberstreuen.
Den Kaffee nicht umrühren, sondern, um das volle Geschmackserlebnis zu haben, durch die Sahnehaube trinken.

Sekt - Bowle

3 Weingläser Weinbrand
6 " Sherry
3 " Madeira
1 " Orangenlikör
1 Orange } schälen und entkernen,
1 Zitrone } in dünne Scheiben schneiden.
6 Scheiben Ananas kleinschneiden.
Die Früchte in ein Bowlengefäß geben u.
mit ca 200g Zucker überstreuen
1 Glas Ananassaft u. den oben genannten
Flüssigkeiten hinzufügen.
1 Flasche Mineralwasser oder Sodawasser
alles sehr kühl stellen u. ca 2 Std.
durchziehen lassen.
Kurz vor dem Servieren 2 Fl. Sekt dazu.
Mit Strohhalm u. Teelöffel servieren.

Prost Neujahr!

Wat een Weder!

Leewe Petrus, wat een Weder
schickst du uns vun Hewen dal:
lett sick dat denn gorni ännern?
Öwerlegg di dat doch mal.

Jümmer wedder fallt de Regen.
allns is dörch un dörch al natt;
uns grot Regentunn löppt öwer
un de Eer is lang al satt.

Meenst du denn, dat soveel Regen
för de Minschen is gesund?
Jagst uns ja mit dat ol Weder
all de Badgäst öwern Sund!

Schall dat jümmer noch so bliewen,
segg, wie stellst du di dat vör?
Leewe Petrus, wees vernünftig,
lat de Sünn ok mal hendör!

Hans Hansen Palmus

Wat de lewe Gott natt maakt, dat maakt he ok weller drög. (nach Regen folgt Sonne)

Good, dat de Hüser holl sünd, sagt man, wenn es stürmt und regnet.

Kolden Mai füllt Schün un Huus all bei.

Schick' mal na Petrus, he schall de Luken dicht maaken. (wenn es gar nicht aufhören will zu regnen)

De Ostwind geit mit de Höhner to Bed un steit mit de Swien weller op.

De Maand kippt Water ut. (Wenn die Mondsichel nach unten offen ist)

Ik will mal in't Weder kieken. (auch um zur Toilette zu gehen)

Ost un West to Huus is't best.

Man nich bang!

Is so dat Weder mal nich schön
un treckt ok Wulken swart henlank; –
wees man nich bang, dat gifft sick bald,
lütt beeten Sünn is doch dormank.

Drückt di ok Sorgen mennimal
un is dat Hart di swor un krank; –
wees man nich bang, dat gifft sick bald,
lütt beeten Höög is doch dormank.

Meenst du ok mal vun unse Welt,
dat gifft blots Unglück, Larm un Stank; –
wees man nich bang, dat lett blots so,
lütt beeten Glück is doch dormank.

Hans Hansen Palmus

Schient de Sünn op'n natten Steen, denn gift dat glieks noch een.

Den 1. Mai mütt sik'n Kreih in Roggen versteken künn.

Dor is Schiet in de Luft. (es gibt Schnee)

Wenn de Rook hoch stigt, ward good Weder, sleit he daal, ward dat Regen.

Quatember: ut de Richtung wo de Wind an denn Daag kümmt, so bliff dat'n viertel Jahr.

Wenn de See rohrt, gifft dat Regen.

Gröne Wiehnachten, witte Ostern, witte Wiehnachten, gröne Ostern.

De Maand hett'n Hoff. (es gibt schlechtes Wetter)

Regent dat Petri Kett, fallt de Orn in Dreck. (es wird eine schwierige Erntezeit) Petri Kett = 1. August

Dat is'n Weder, dor mag's dien egen Hund nich ut de Dör jagen.

Dat frert hüt Steen um Been (sehr, sehr kalt)

Aprilscherze

Scherze zum 1. April

Bitte geh' doch mal zum Nachbarn und hole für 10 Pfg:
„Hau mi blau“ oder
„Geet mi natt“ „
„Nix in de Tüt“ „
„Knooplöcher, ick kann de Büx ni holen“ oder
„Eiersaat“ oder
„Drögen Essig“ „
„Mückenfett“ „
„De Steenscher“ „
„De Kringelscher“ „
Wenn man auf den Scherz hereinfällt, wird „April, April“ gerufen.
Am 1. Mai „Amai, Amai, April ist jetzt vörbei“.

Weder

Vör Johanni (24. Juni) mütt dat ganze Dörp üm Regen beden, na Johanni kann't en ole Fru alleen.

De hellen Morgens un de glatten Derns dögt nix.

Wenn es am Hochzeitstag regnet, sagt man: „Se hett de Katten nich good fodert.“

Dat ward nich öhr Sommer, bet uns Herr Gott de Feut vun de Eer hatt. (nach Himmelfahrt, 10 Tage vor Pfingsten)

Dat dunnert, dat de Heide wackelt. (starkes Donnern)

Regen, Regen rusch, de König sit in Busch,
lat de Regen öwer gahn un de Sünn weller kam.

Weder

Abendrot maakt Weder good,
Morgenrot bringt Water in Sood.
(Wenn die Sonne abends rot untergeht, wird das Wetter gut, Morgenrot bringt schlechtes Wetter)

*

Dat ward bald regen, de Petersdörper Torn is dich bi. (wenn eine auffallend gute Sicht von anderen Orten ist.)

*

Fritz, kiek mal döch de Ritz, de Buur de meent dat blitz. (mehr Angst als sonst was)

*

„De Twölften" sind die Tage vom 25. 12. – 6. Januar. So wie das Wetter an diesen Tagen ist, so wird es auch in den folgenden 12 Monaten sein, die 12 Tage von Weihnachten bis zum Dreikönigstag. Viel Aberglaube rankte sich auch um diese Zeit.

*

Du maak's en Gesich, as dree Doog Regenweder.

*

De Regen is nich mit Geld to betahlen.

Lat uns dat Lachen nich verleern!

Lat uns dat Lachen nich verleern,
is noch so biestrig ok de Stünn.
Een mulsch Gesicht seht wi nich gern,
un wenn wi lacht, denn schient ok Sünn.

Is noch so gries un kold dat Lew'n,
un sünd ok düster Weg un Steg,
lütt beeten Sünn, de uns is gewen,
de lücht noch lang uns op den Weg!

Hans Hansen Palmus

Suppen

Brotsuppe

Brotreste und Zitronenschale mit kaltem Wasser weichkochen, die Brotbrühe durch ein Sieb streichen, 1 Tasse Sahne dazu tun, mit Zimt und Zucker abschmecken und mit Eigelb legieren.
Korinthen als Einlage.

Wenn ik'n halve Stünn eten heff, vergeiht mi de Appetit.

„Dat hesst mi ni gönnt", sagt man, wenn beim Essen das Fleisch von der Gabel fällt.

Dor kannst du Gift op nehmen, bloot ni so vel. (etwas bejahen)

De dat glöft ward selig un de vel fritt ward welig. (übermütig)

De flink is bi'n Eten, is ok flink bi de Arbeit.

Elisabeth, de Kohl is fett, de Klümp sind gor, gift mi'n poor.

Garnelencremesuppe

200g Wurzeln } schälen, in kleine □
200g Kartoffeln } schneiden und in
40g Butter dünsten, ca 1/4 Std.
250g Garnelen aus der Schale lösen u.
zufügen, mit einem Glas erwärmten
Kognak flambieren, (d.h. anzünden)
1/2 l herben Weißwein hinzufügen u.
ca. 5 Min. köcheln lassen.
40g Mehl
40g Butter im Topf zu einer Mehlschwitze
herstellen und mit
1 l heiße Milch auffüllen.
Salz und Pfeffer, das Gemüse u. die
Garnelen dazu tun und noch 15 Min. kochen,
dann alles mit dem Mixstab pürieren,
abschmecken, mit Garnelen oder Shrimps
anrichten, Sahnehaube mit Dill.

Gurkenrahmsuppe

von Dieter Hopfe

1 mittelgroße Salatgurke schälen und aushöhlen, in feine Streifen schneiden, dann mit 1 1/4 l Wasser und 1 Eßl. Fondor zum Kochen bringen. Die Gurkenstücke sollen noch Biß haben.

50 g Butter }
50 g Mehl } eine Schwitze bereiten, mit Gurkenfond auffüllen und glatt rühren, kurz aufkochen,

1/8 l Weißwein hinzufügen

2 Eigelb }
1/4 l Sahne } verrühren und die Suppe damit legieren, abschmecken mit Salz und Pfeffer.

Sahnehaube mit Dill

event. Fleischklöße

Schnelle Kartoffelsuppe

3 l Wasser mit Gemüsebrühe instant würzen

1 1/2 kg Kartoffeln in □ schneiden

500 g Porree in Ringe ″

300 g Tiefkühlerbsen

Paprika nach Geschmack in □ ″

in gelb, rot und grün.

Alles in der Brühe garen.

8 ungebrühte Bratwürste in kleinen Stücken aus dem Darm drücken und in einer Pfanne in Butter wie Fleischklößchen anbraten, dann in die Suppe geben.

Eventuell mit Kartoffelpürreepulver andicken.

Speckwürfel ausbraten und mit Petersilie die Suppe servieren.

Käsecremesuppe

1 Zwiebel gehackt
1 Stg. Porree in feine Ringe schneiden
in Butter hellgelb dünsten,
1 Eßl. Mehl hinzu und mit
1/2 l Milch oder Brühe löschen,
5 Min. köcheln lassen.
1 Teel. Fondor
Muskat, Salz, Knoblauch, Pfeffer
1 Becher saure Sahne
1 " Weißwein
125 g gerieb. milden Käse oder 2 Ecken
Sahneschmelzkäse
1 Eigelb zum Legieren
1 Dose geschnittene Pilze ohne Flüssigkeit
Geröstetes Toastbrot dazu reichen.

Kirschsuppe

1/2 kg Kirschen entsteinen
Kirschsteine mit 1 1/4 l Wasser zum Kochen bringen, durchsieben, dann die Kirschen dazugeben und mit Stangenzimt und Zitronenschale und Zucker zum Kochen bringen.
Mit Rotwein abschmecken u. event. mit Maiskornpuder andicken.
Grießklöße als Einlage.
Auch als Kaltschale geeignet.

Et langsam, min Hannes, du weest nich wat du laten kannst, mit de Gabel is' dat 'n Ehr, mit'n Lepel bringt dat mehr.

He hett dat för'n Ei un Botterbrod köfft. (billig)

Maisrahmsuppe

1 Zwiebel fein würfeln und in Butter
glasig dünsten.
1 Dose Mais (425 gl) dazu tun und mit
1/2 l Gemüsebrühe (instant) löschen, dann
1 Becher Sahne hinzu und 10 Min. köcheln.
150 g Wurzeln in dünne Scheiben
1 große Porreestangen in " "
in Salzwasser aufkochen, abtropfen lassen.
Die Gemüsebrühe mit einem Schneidstab
pürieren und durch ein Sieb streichen.
Suppe aufkochen und mit 2-3 Eßl.
hellem Soßenbinder binden, mit Salz
und Pfeffer abschmecken, Wurzel- u.
Porreescheiben zugeben.
Toastbrot rösten und dann in □
schneiden u. in die Suppenteller
streuen. Petersilie

Selleriesuppe

1 Sellerieknolle raspeln und in
Butter andünsten, dann
3/4 l heiße Hühnerbrühe (instant)
dazu geben und 5 Min. köcheln.
1/2 Becher Dickmilch }
1 Philadelphia Käse } verrühren
und an die heiße Suppe tun,
aufkochen und servieren mit
Schnittlauch oder Petersilie
Verfeinern mit Krabben, oder
gewürfelt. gekochten Schinken, oder
gekochten Eiern.

von Gisela Wolf

Wo de Köm ringeiht, geiht de Verstand ruut.

He hett to deep in de Buddel keken. (viel getrunken)

Se hett in alle Kanten wat sitten. (gut genährt)

Senfcremesuppe

von Dieter Hopfe

50g Butter
50g Mehl } Schwitze herstellen und mit
1 1/2 l Rinderkraftbrühe auffüllen.
4-5 Eßl., Diegon'-Senf, nach Geschmack, dazu geben und unterrühren, aufkochen, dann
1/8 l Weißwein hinzufügen
2 Eigelbe
1/4 l Sahne } zum Legieren unterrühren.
Salz und Pfeffer
Mit Heilbuttflöckchen oder hartgekochten Eiern verfeinern.
Sahnehaube mit Kerbel u. Kresse

Tips

Wildfleisch muß gut abgehangen sein.

Das Fett muß entfernt werden, da es nicht gut schmeckt.

Wildbraten werden zarter, wenn man sie vorher mariniert, z. B. in Buttermilch mit Zitronenscheiben, Pfefferkörnern, Lorbeer und Wacholderbeeren, ca. 24 Std. marinieren, oder in Rotweinessigmarinade.

Rotwein, Essig und Wasser je 1/3, etwas Salz, Pfeffer, Wacholder u. Zwiebel. Das Fleisch sollte mit der Marinade bedeckt sein. Am andern Tag den Braten mit Salz, Pfeffer und Wildgewürz einreiben, siehe Wildbraten.

Bratzeit lieber etwas länger als bei zu hoher Temperatur, z. B. 200° 3½ Std. für eine Damwildkeule wählen.

Wildsuppe

Wildknochen, klein gehackt
Damwildblatt (Schulter) und abgefallene Stücke von Brust, Hals und Bauch mit durchwachsenem Speck anbraten, einige Zwiebelringe mitbräunen wie auch Suppengemüse, Schmalz oder Öl dazu tun.
Nach Geschmack etwas Tomatenmark, Lorbeer, Pfefferkörner, Gewürznelken, Wildgewürz, Wacholderbeeren zerdrückt und Salz dazugeben.
Mit 3-4 l Wasser löschen und ca 3-4 Std. köcheln lassen, öfter abschäumen, das Fleisch herausnehmen, die Suppe durch ein Tuch sieben, abschmecken mit Madeira, Weiß- oder Rotwein, Zitrone, Schuß Kognak. Das Fleisch klein schneiden, Pilze andünsten u. in die Suppe geben. Sahnehaube.

Aalsuppe nach Danziger Art

von Christel Scheerer

1 kg grünen Aal säubern u. in ca 5 cm lange Stücke schneiden, leicht gesalzen 2 Std. stehen lassen.

Fischsud:

1½ l Wasser mit Zwiebeln, Pimentkörnern, Lorbeerblatt, Pfefferkörnern, Schuß Essig
Brühwürfel nach Geschmack
1 Eßl. Zucker

alles zum Kochen bringen, dann die mit kaltem Wasser abgespülten Aalstücke hineinlegen und ca 20 Min. ziehen lassen.
Mit hellem Soßenbinder leicht andicken.
Mit süßer Sahne oder Sahnehaube verfeinern.
Dill unterrühren u. nochmals abschmecken.
Petersilienkartoffeln dazu servieren.

Wurzelsuppe

500 g Wurzeln in Scheiben schneiden
1 Zwiebel in ▫ schneiden u. in etwas Fett glasig dünsten, dann die Wurzelscheiben dazugeben und andünsten. Mit 3/4 l Gemüsebrühe (instant) löschen u. ca 15 Min. köcheln lassen, einige Wurzelscheiben dann herausnehmen und die Suppe pürieren.
1 Becher Sahne hinzu
Salz, Pfeffer u. Muskat zum Abschmecken.
Mit Wurzelscheiben, Petersilie und gerösteten Weißbrotwürfeln servieren.

Op een Been kann man nich good stahn. (Aufforderung noch ein Glas zu trinken)

Krüsch bün ik nich, awer wat ik nich mag, dat et ik nich.

Zucchinisuppe

500 g Zucchini grob raspeln und in Butter andünsten, 2 Eßl. Mehl dazu, 3/4 l Brühe instant hinzufügen, alles aufkochen und mit
1/4 l Wein auffüllen
150 g Gouda, grob geraspelt }
200 g Kräuterschmelzkäse } hinzu u. mit Salz, Pfeffer, Muskat u. Schnittlauch abschmecken. Verfeinern mit: Fleischklöße, Sahnehaube.

Kartüffelsupp

Kartüffelsupp, Kartüffelsupp, de ganze Woch' Kartüffelsupp
un Sündags is sei noch nich op
un Mandags gifft dat ok keen Fleesch
un Dingsdag wat mit'n Klümpensleef
un Mittwochs is de Grütt so stief
un Donnerstags grifft dat nix in't Lief,
un Freidags gifft dat'n beten in de Pann
un Sünnabends fangt dat weller vun vörn an.

Zwiebelsuppe

80 g Butter
400 g feine Zwiebelringe } glasig dünsten
40 g Mehl hinzufügen
1 l Brühe instant auffüllen und
köcheln lassen.
Mit Eigelb und Sahne, gut verrührt,
legieren.
50 g geriebener Gouda hinzufügen,
mit Salz, Pfeffer, Zitronensaft und
Schuß Kognak oder Kirschwasser, er-
wärmen, die Suppe flambieren.
Sehr heiß servieren mit geröstetem
Weiß- oder Toastbrot.

Fünf sind geladen,
zehn sind gekommen;
gieß' Wasser zur Suppe,
heiß' alle Willkommen!"

Mitternachtsuppe

von Wiebke Grapengeter

4 Eßl. Schinkenspeckwürfel auslassen und
250 g Hackfleisch darin krümelig braten
2 Zwiebeln in □
2 Knoblauchzehen in □ } dazu geben
300 g Tomaten aus der Dose pürieren
200 g mildes Sauerkraut klein schneiden,
alles 10 Min. schmoren, dann mit
600 ml Fleischbrühe instant auffüllen.
1 Gewürzgurke in □ schneiden
1 Teel. Paprika
1 Teel. Chilipfeffer
1/2 Teel. gemahl. Kümmel
Salz, Pfeffer, Prise Zucker
Kurz vor dem Servieren
6 Eßl. Creme fraiche dazu geben.
Mit Schnittlauchröllchen garnieren.

Sommersuppe

800g Yoghurt
1 Becher saure Sahne
1-2 Teel. Senf
etwas Salz

gut verrühren u. kalt stellen

1 Salatgurke in □
1 kleine geraffelte Zucchini
3 Tomaten häuten u. □
4 Scheiben eingelagte Rote Bete in □
1 Zwiebel in □

mit 3 Zitronensäfte begießen.

Das Gemüse kalt stellen.
200g gekochten Schinken □
200 g geräucherter " in □
dann alles mischen und kurz vor dem Servieren
1/2 Fl. Mineralwasser und
ca 10 Eiswürfel dazu geben.
Mit geröstetem Weiß- oder Toastbrot in □
in Butter anrösten u. mit viel Petersilie und Schnittlauchröllchen auf der Suppe verteilen, servieren.

Gröönkohltiet

Wenn Wiehnacht vör de Huusdöör steiht
un sach dat Johr op Enn to geiht,
wenn Wiesch un Bööm farvt witt de Riep,
denn is in Holsteen Gröönkohltiet.

Dat is een Tiet vull fette Koss
mit slecht Geweten in de Boss,
denn eenmal kort an Gröönkohl nippen,
bringt twee, dree Pund glieks op de Rippen.

All lang vörher is dat een Snacken,
een Drömen vun fett' Swienskoppbacken,
un jedeen löppt, mit gooden Grund,
tohoop dat Water in denn Mund.

To Harst bi de Kantüffelaarn
söcht Vadder glieks bi sik in Goorn
de lütten, marmelgroten ruut,
de Mudder för denn Gröönkohl bruuk'.

Is se denn dor, de schöne Tiet,
striept in de Kööк de Fruuenslüüd
to bargenwies denn Gröönkohl af
– wat flinker wöör ut Dosen schaff'.

Eers kümmt de Swiensback in denn Putt,
dorto noch Kassler, wenn dat mutt,
denn Water op, un nu laat kaken,
dorna een Tiet lang trecken laten.

So na een Stunn denn Gröönkohl rop,
tolets noch Kohlwust baben op,
flink Pellkantüffeln in de Pann,
veel Speck dotau, sünst brennt se an.

Manch een, de mag denn Gröönkohl lever,
kümmt door een beten Zucker över,
un veele Lüüd bi uns in Lan'
sööt de Kantüffel in de Pann.

De ganze Tiet weiht ut de Köök
een Luft, de wi geern rüken möögt,
un buten, op de Straat, vör't Huus,
treckt ganz gewiß de Nääs keen kruus.

Kümmt nu to Disch dat herrlich Eten,
is good Benehmen meist vergeten,
un jedeen krigg', egaal welk Stand,
denn Töller vull sik bet an Rand.

Bringt Vadder noch een Buddel Beer,
langt een de Pütt sik wedder her,
snitt vun de Swiensback noch een Schief
un neiht denn drütten Slag to Lief.

So'n Gröönkohleten optokriegen,
mußt all een ganz Tiet sitten blieven.
Wo swoor so'n „Arbeit" is, fallt op,
wenn een denn Sweet sik wischt vun Kopp.

Sünd Pütt un Schötteln blank un leer,
mööt een poor Kööm glieks achterher,
mag een doch geern to Koffetieden
all wedder Mudders Koken lieden.

In Magen is keen Eck mehr frie.
Uns Eters sünd nu ehr dorbi,
op Sofa swoor in Slaap to sacken,
as dusend Schreed dörch't Holt to maken.

Kommt se vun Meddagsslaap denn hoch,
sünd ehr Gedanken all in Kroog,
wo d'Friedag abend vör denn Ball
satt Gröönkohl wedder geven schall.

Opwarmten Gröönkohl annern Dag
ik meist noch lever eten mag.
Un denn kolt Swiensback op dat Broot
dar hest noch een ganze Wuch vun good.

De Bayern swöört op Kruut un Knödel
un op een Swienshax in de Schöttel.
In Bremen is de gröttste Lust
een Töller vull mit Pinkelwust.

Doch hier to Land, vun West na Oost,
dor is dat Best uns Gröönkohlkost.
Holsteenschen Gröönkohl, mööt ji weten,
is een besonner Oort vun Eten.

„Grönkohltiet“ aus „Dor sliekert liesen dörch dat Kruut ..., Riemels för plattdüütsch Lüüd“, von Peter Wippich.

Advent, Advent!

Advent, Advent ein Lichtlein brennt.
Erst eins, dann zwei, dann drei, dann vier.
Dann steht das Christkind vor der Tür.

An St. Niklaas

Och Nikolaas, – leev Nikolaas
denk ok doch jo an mi! –
Dor achter op de Finsterbank
dor steit een Schoh för di!

Man to, mien Niklaas, – wees nich so,
pack mi man dor wat in.
Ik bün heel froh, wenn ik morrn fröh
ok man een Appel finn!

Un bringst du mi een beten mehr,
vertell ik di 'n Geschich! –
Ik beed di goot, mien Nikolaas, –
Man to, – vergeet mi nich!

Hans Hansen Palmus

Vör Wiehnachten

Dörch de kole Winternacht
kümmt Knecht Ruppert lisen;
un de Maand, he schient so sacht,
will den Weg em wisen.

Kiekt woll na uns Finster rin,
hett den Sack vull Saken;
bringt een bunten Lichterboom,
ward veel Höög uns maken.

Wenn he kümmt an unse Döör,
bruukt he nich to kloppen.
Ik much woll een Dampmaschien
un mien Süster – – Poppen!

Hans Hansen Palmus

De verkehrte Wiehnachtsmann

Een lütt Speel vör Kinner

(Twee Kinner sitt an'n Disch un bekiekt een Billerbook. Fritz kümmt slusohrig rin: Mütz scheef op'n Kopp, Bort half afreeten – is dicht ant Weenen.)

1. Kind: Fritz, wat is mit di denn los? Kiek uns doch mal an.
2. Kind: Fritz, wo kümmst du denn nu her, hett di een wat dahn?

Fritz: Lat mi blots doch nu in Ruh, geiht jo gornicks an!

1. Kind: Sühst je blots noch half so ut as een Wiehnachtsmann.

Fritz: Ooch, ik wull ja blots mal sehn, wie dat denn so weer, wenn ik mal as Wiehnachtsmann güng vun Dör to Dör.

2. Kind: Is di dat nich got bekam'n, – smeten se di rut?
1. Kind: Awers, Fritz, as Wiehnachtsmann sühst du nich mehr ut!

Fritz: (weent) Ik wull je blots de Kinner narrn un heff se fix verfeehrt; dat is doch wieder nich so slimm. Is doch keen Jackvull weert!

1. Kind: Een Jackvull seggst du, wie keem dat? Dat is je gornich schön.
2. Kind: Een Jackvull, dat is een Mallör; hest di vertörnt mit een?
1. Kind: Ja, segg hest di mit een vertörnt, villicht mit Hannes Frahm? Nu segg uns doch mal bald, wat is – wat schall denn blots son Kram?

Fritz: Och, as ik güng de Dörpstraat lang, do keem een grooten Mann, de harr een dicken Winterrock un hoge Steeweln an...

Beide Kinner: Nu weet wi, Fritz, wer dat denn weer: Dat weer de Wiehnachtsmann!

Fritz: (heel benaut) Ja, ja, dat weer de Wiehnachtsmann, kreeg mi bi'n Kragen faat; un as ik grad weglopen wull, do weer dat al to laat! (de Kinner lacht em beid wat ut)

1. Kind: Ha, ha, dat is ton Lachen meist, büst awers ok sülm schuld!
2. Kind: Worüm hest du de Kinner ok so dull verfeehrn wullt?

Fritz: Nu lacht ji mi ok noch wat ut, dat best is woll, ik gah hier rut! (löppt rut)

Beide Kinner: (ropt em na) Wer anner Lüd wat Slechts bescheert, de kriggt tolets sülm wat vör'n Steert!

H. Hansen Palmus

Die Weihnachtsgans

Im Allgemeinen pflege ich nicht die Vergangenheit aufzuwärmen, doch als ich jetzt in den Schaufenstern die Weihnachtsgänse liegen sah, fiel mir ein Erlebnis ein, das zu erzählen lohnt, obgleich es schon viele Jahre zurückliegt.

In einem Vorort von Wien lebten zwei nette, alte Damen. Es war schwer, sich für Weihnachten einen wirklichen Festbraten zu verschaffen. Und nun hatte die eine der Damen die Möglichkeit, auf dem Lande gegen allerlei Textilien eine wohl noch magere, aber springlebendige Gans einzuhandeln. In einem Korb verpackt brachte die Dame – nennen wir sie Fräulein Agathe – das Tier nach Hause. Und sofort begannen Agathe und ihre Schwester Emma das Tier zu füttern und zu pflegen.

Die beiden wohnten in einem Mietshaus im zweiten Stock, und niemand im Haus wußte davon, daß in einem der Wohnräume der Schwestern ein Federvieh hauste, das verwöhnt, gefüttert und großgezogen wurde. Agathe und Emma beschlossen feierlich, keinem einzigen Menschen jemals davon zu sagen und zwar aus zweierlei Gründen!

Erstens gab es Neider und zweitens wollten die beiden Damen nicht um die Welt mit irgendeinem nahen oder weiteren Verwandten die später möglicherweise nudelfett geworden und dann gebratene Gans teilen.

Deshalb empfingen sie auch sechs Wochen lang, bis zum 24. Dezember, keinen einzigen Besuch. Sie lebten nur für die Gans.

Und so kam der Morgen des 23. Dezember heran. Es war ein strahlender Wintertag. Die ahnungslose Gans stolzierte vergnügt von der Küche aus ihrem Körbchen in das Schlafzimmer der beiden Schwestern und begrüßte sie zärtlich schnatternd. Die beiden Damen vermieden es, sich anzusehen. Nicht, weil sie böse aufeinander waren, sondern – nun weil eben keine von ihnen die Gans schlachten wollte.

„Du mußt es tun!“ sagte Agathe, sprachs, stieg aus dem Bett, zog sich rasch an, nahm eine Einkaufstasche, überhörte den stürmischen Protest, und verließ in rasender Eile die Wohnung.

Was sollte Emma tun? Sie murrte vor sich hin, dachte nach, ob sie vielleicht einen Nachbarn bitten sollte, der Gans den Garaus zu machen, aber – wie schon gesagt – hätte man dann eben einen großen Teil von dem gebratenen Vogel abgeben müssen. Also schritt Emma zur Tat, nicht ohne dabei zu schluchzen.

Als Agathe nach geraumer Zeit zurückkam, lag die Gans auf dem Küchentisch, ihr langer Hals hing wehmütig pendelnd herunter. Blut war keines zu sehen, aber dafür alsbald zwei liebe, alte Damen, die sich schluchzend umschlugen hielten.

„Wie... wie...!" schluchzte Agathe, „hast du es denn gemacht?" „Mit... mit... mit Veronal!" weinte Emma. Ich hab ihr einige deiner Schlafpulver auf einmal gegeben, und jetzt ist sie... huuuuuu... rupfen mußt due sie. ..... huuuu."

Nachdem sich die beiden engumschlungen auf dem Sofa sitzend ausgeweint hatten, raffte sich Agathe auf und begann, den noch warmen Vogel systematisch zu rupfen.

Federchen auf Federchen schwebte in eine Papiertüte, die die unentwegt weinende Emma hielt. – – – –

Zum Ausnehmen konnte sich keine entscheiden. So kam man überein, da es mittlerweile spät abends geworden war, das Ausnehmen der Gans auf den nächsten Tag zu verschieben.

Am zeitigen Morgen wurden Agathe und Emma geweckt. Mit einem Ruck setzten sich die beiden Damen gleichzeitig im Bett auf und stierten mit aufgerissenen Augen und offenen Mündern auf die offen gebliebene Küchentür. Hereinspazierte, zärtlich schnatternd, wenn auch zitternd und frierend – die gerupfte Gans! Bitte es ist wirklich wahr! Hören Sie nur weiter. Es kommt nämlich noch besser.

Als ich am Weihnachtsabend zu den beiden alten Damen kam, um ihnen noch rasch zwei kleine Päckchen zu bringen, kam mir ein vergnügt schnatterndes Tier entgegen, das ich nur des Kopfes wegen als Gans ansprechen konnte. Denn das ganze Vieh steckte in einem liebevoll gestrickten Pullover, den die beiden Damen in rasender Eile für ihren Liebling gefertigt hatten. Ich habe die Geschichte, gleich nachdem sie passierte, im Rundfunk erzählt. Wahre Scharen pilgerten damals hinaus nach Döblingen, um die Pullovergans zu sehen. Sie lebte sieben Jahre, und dann starb sie eines natürlichen Todes. Heftig betrauert von den beiden Schwestern, die von einem Gänsebraten nie wieder etwas wissen wollten.

Marie Branowitzer

Bald is Wiehnachten

In't Röhr de Ketel summt so lies,
As öwt he noch een Wiehnachtswies.
Up't Schapp de Appeln sünd blank und möör,
De Boom töwt buten vör de Dör,
Dat Vadder up'n Foot em sleit,
Und Mudder na'n Böhn hengeit
Und söcht de ole Wunnerkist,
Wo all de Wiehnachtskram in is.
Du trulich leewe Wiehnachtstied!
Siet güstern sniet dat nu und sniet.
Vun't Backhus rükt' so heemlich her,
Uns Mudder backt noch ümmer mehr.
De Koken und de Klöben lurt
So kross und brun in't Kamerburt.
De Trummeln sünd vull Pepernöt
Und Heidesand so witt und söt.
Blank steit de Sleden op de Deel,
Blank sünd de Peer und blank de Seeln.

Weihnachtsnüsse

Holler, boller, Rumpelsack,
Niklas trug sie huckepack,
Weihnachtsnüsse, gelb und braun,
runzlig, punzlig anzuschaun.

Knackt die Schale, springt der Kern,
Weihnachtsnüsse eß ich gern.
Komm bald wieder in dies Haus,
alter guter Nikolaus.

Wiehnachtskoken

Vun Jep Nissen-Andersen

Mudder hett backt! –
Dschunge, wat rüükt dat fein!
Gau na de Kööк löppt Hein:
„Mudder, hest backt?"

„Jä, min lütt Jung, kumm nu hier man ran;
Mudder hett backt för den Wiehnachtsmann:
Wiehnachtskoken, bruun un ok witt.
Mannelkeern, kiek, sitt sööt in'e Mitt!
Hier kiek mal her: De Haans un de Heen.
Knuspri un kroß för son Leckertään;
Zuckerbunt hier ok de Wiehnachtssteern!
Ni, min lütt Jung, de magst du doch geern?"
„Dörf ik mal smecken?" „Wiß, nümm di man een!"
„Een blots? Nee, Mudder, de smeckt ni alleen!
Düssen un düssen – un denn noch en Haan,
En Steern ok mit Zucker, denn ward dat wull gaan."
Junge, wat smeckt de! Dat kannst du patent!
All fein geraden – un keeneen verbrennt!
Mudder, ik glööw: Keen annere Fruu
Backt doch de Koken so lecker as du!"
„Maak doch keen Snack! Nu gifft dat ni meer!
Gaa man na Naawersch un smeck mal bi eer!"

„Bün ik al west!
Naawersch smeckt ok nett;
Awers ik hool liekers de Wett:
Din sünd de best!"

Wiehnachtsbreef

Leve, gode Wiehnachtsmann,
hest du uns vergeten?
Och, wi höögt uns so op di,
Hans un ik un Greten.

Bring uns doch, leev Wiehnachtsmann,
poor lütt feine Saken.
Seh man to, dat ward woll gaan,
lett sik woll noch maken.

Mudder meent, is lege Tied
un dat ward nicks geven.
Wiehnacht ahn den Wiehnachtsmann
is doch gorkeen Leven.

Vadder meent, du büst al' oold,
kannst nich veel mehr dregen.
Een lütt Popp un twee lütt Peer
köönt doch nich veel wegen.

Unkel meent, du büst vertöörnt,
wullt vun uns nicks weten. –
Kumm doch bald, wie töövt op di
Hans un ik un Greten.

H. H. Palmus

Wiehnachtsmann

Wiehnachtsmann, kiek mi an
lütte Deern bün ik man
veel beden kann ik nich
Wiehnachtsmann vergeet mi nich.

Wiehnachten

Noch een, twee, dree Dag sachen,
Denn is Wiehnachten!
Krieg ik wull dat Peerd?
Mit den Peerdhaarsteert?
Oder de Dampmaschin'?
De ward wull to düer sin.
Oder ok dat Schipp mit Stür?
Dat's wull ok to düer.
Min Swester kriegt en Popp
Mit Slapogen in Kopp.
Dat snapp ik güstern grad op...
Wat weer mi denn nu an mehrsten mit:
Dat Peerd, de Dampmaschin' oder dat Schipp –?
In Grunn enerlee.
An' lewsten all dree!

Hans Hansen Palmus

De Müs in Grootvadder sien Huus

Wiehnachtenabend, denn geiht dat vun baben, denn klingelt de Glocken, denn danzen de Poppen, denn piepen de Müs in Grotvadder sien Hüs.

„Müs" sind in diesem Gedicht die Kinder und Enkelkinder, die am Weihnachtsabend sehr lange mit feiern dürfen.

Nix mehr to pepernöten, Wiehnachten is vörbi. (alles alle)

Wie der Herr so dat Gescherr. (wie der Herr so auch seine Arbeiter)

De Mann kann nich sovel mit veer Per rinföhren as de Fru in ehr Schört rutdriggt. (Verschwenderische Frau)

Wenn he allerwegen so mit sport as mit de Arbeit, denn kriggt he noch wat op'n Dutt.

En goden Andriever is beter als fief fule Arbeiter.

Dreemal in't Jahr kiekt de lewe Gott vun Himmel un wer he denn bi de Arbeit süht, de mütt dorbi blieben.

„Wat is dat för'n Stück Arbeit", seggt de Monarch, as he morgens opstahn schull. (Monarch = Erntehelfer)

Beten to laat is vel to laat.

He kann Böm ut de Eer rieten. (ist stark)

Man mütt nich mehr dregen as man börn kann.

De Buulen de vun de Arbeit kaamt, gaht vun alleen weller weg.

Jedes Ding hett twee Sieden, seggt de Fule un leggt sik op de anner.

Beten scheef hett Gott leef, alto grad is uk man schaad.

De Dood is keen Speelmann, he kümmt nich anfiedeln.

Du büst de best, wenn de annern nich tu Huus sünd.

Dörch apen Dörn kümmt keen Deef.

De Appel fallt nich wied vun Stamm, so as dat Schaap is ok dat Lamm.

Fischgerichte

Kindermund

Waldsterben

Die ganze Familie wandert durch den Harz und bewundert die grünen Tannen. Plötzlich sagt die vierjährige Maren: „Guck' mal, Mutti, die Tanne ist aber schon alt." „Wieso?" „Na, ja", antwortet Maren, „sie ist ja schon ganz rostig."

Anja, die Feinschmeckerin

Die fünfjährige Anja und der vierjährige Bruder Carsten helfen der Oma beim Mandeln enthäuten.

Dabei probieren beide auch mal eine Mandel.

Carsten spuckt sie gleich wieder aus: „Bäh, mag ich nicht." Darauf antwortet Anja ihm: „Du mußt die Mandel nur etwas länger kauen, dann schmeckt sie wie Marzipan."

Burgunderhering

geeignet für Salzheringe oder Matjesfilet

50 g Zucker
3 Eßl. Weinessig 5%ig
4 " Wasser
1 " Öl
4 Eßl. Rotwein
2 " Tomatenmark
2 feingehackte Zwiebeln
1 Lorbeerblatt
2 weiße Pfefferkörner zerdrücken, Senfkörner

alles aufkochen, etwas erkaltet über die Heringe gießen und 24 Std. stehen lassen. Heringe vorher häuten, filetieren u. portionieren. Sehr fein zu Bratkartoffeln oder Brot.

Nüchtern Kalwer un duune Lüd fallt sik nix kaputt.

Wat du di inkrömt hesst, dat müßt du ok utlöpeln. (Da hast du dir was „Schönes“ eingebrockt, sieh zu wie du damit fertig wirst)

Jedes Huus hett sien Wies, jeder Disch hett sien Spies. (In jedem Haus ist es anders)

Fischfilet, überbacken.

500 g Fischfilet säubern, säuern, salzen,
in eine gebutterte Auflaufform legen,
mit Senf und Tomatenmark dünn
bestreichen.
150 g gewürfelten durchwachs. Speck
in der Pfanne ausbraten und über
den Fisch geben.
1 Dose geschnittene Champignons oder
gewürfelte Gewürzgurken darüberstreuen,
Zwiebelringe und
geriebenen Käse und Butterflöckchen
200° 45 Min. überbacken.
Salat und Salzkartoffeln dazu essen.

Tip von Christel Scheew:
Fisch und Fischfilet mit
Roggenschrotmehl panieren.

Kräuterfisch

600g Fischfilet nach dem 4 S-System vorbereiten (säubern, säuern, salzen u. stehenlassen)

100g durchw. Speck in □ ausbraten

2 Zwiebeln in □ dazu geben u. dünsten.

500g Tomaten in Scheiben schneiden

1/8 l saure Sahne mit Petersilie, Dill u. Schnittlauch, alles gehackt, mischen u. mit Pfeffer abschmecken.

Die Hälfte der Speck-Zwiebelmischung in eine feuerfeste Form geben, darauf die Tomatenscheiben u. Fischfilet, alles mit der Sahne begießen, dann den Rest der Speck-Zwiebelsoße.

2 Eßl. Paniermehl darüberstreuen, Form zudecken u. 20 Min. 200° backen.

Salzkartoffeln und Salat dazu essen.

Kräuterheringe

Schmecken vorzüglich zu Bratkartoffeln oder Pellkartoffeln.

1/2 l Wasser
200 g Zucker
1 Teel. schwarzen, ganzen Pfeffer
8 Eßl. Essigessenz

} aufkochen und erkalten lassen.

Inzwischen 10 Salzheringe, die 1 Nacht gewässert wurden, häuten, filetieren und dann schichtweise mit gehackten Zwiebeln und Dille in einen Steintopf schichten. Den erkalteten Sud darübergießen.
Anstelle von Salzheringe kann man auch Matjesfilets aus der Packung nehmen.

De hundert Johr Water drinkt, ward old dorbi.

Dat man dat nich eeten kann, kann man je ok nich segn.

Steinbutt

Die Steine aus der oberen Haut entfernen, den Fisch ausnehmen und waschen, mit Salz einreiben und mit Zitrone beträufeln.
Gehackte Zwiebeln und kleingeschnittenes Suppengrün in Butter kurz schmoren, darauf den Fisch legen und mit Wein begießen und abgedeckt bei schwacher Hitze garen, ca 20 Min. Mit Petersilien-Salzkartoffeln, Salat und Sauce hollandaise oder Butter dazu, servieren.

De Hund is mit de Sleef utneit. (wenn das Essen angebrannt ist)

De kriggt dat Muul bloots apen, wenn he Schnackwater drunken hett.

Ton Geburtsdag

Melodie: Wer das Scheiden hat erfunden

Ton Geburtsdag alles Goode
ton Geburtsdag recht veel Glück,
vor de Tokunft – Gesundheit
ümmer vorwarts nie torüch.
Laad Di in uck een poor Gäste
drink schön Kaffee, Beer und Wien.
schall's mal sehn, wie Di dat good deiht
hest denn Grund ton glücklichsien.
Freist Di doch ton poor Geschenke,
wenn Du uck nich veel mehr bruckst
een beten „Frei" bruck jeder Mensch doch
und een gemütliches to Hus.
Sünd de Gäst denn abends verschwunn'
denn bist du uck weller froh,
hett Di dat denn goot gefull'n,
mach's datt öfter weller so.

Gerda Stiegmann

Freude für ein ganzes Jahr

Geburtstag, Silberhochzeit und andere Anlässe!

Es werden 12 Personen aus der geladenen Gesellschaft auserwählt, diese kommen mit ihrem Stuhl in die Mitte des Raumes. Ein Stuhl wird entfernt. (Nach dem Spiel: Die Reise nach Jerusalem)

Jetzt ertönt die Musik und die Personen laufen um die Stühle herum, wenn die Musik verstummt, versucht jede, einen Stuhl zu erobern. Eine bekommt keinen Stuhl, diese hat den vor dem Spiel bekanntgegebenen Auftrag auszuführen und zwar im folgenden Monat an dem Tag des Geburtstags (15. Nov. Geb., dann am 15. Dez., 15. Jan. usw.) zum Beispiel einen Kuchen vorbei zu bringen, oder einen Brief zu schreiben oder das Auto zu waschen, Blumenstrauß, Kinokarte, Straße fegen, Fenster putzen, Strandspaziergang, Kirchenbesuch, Radtour, Pralinen, Salmis, usw.

Zum Geburtstag

So laß uns Jüngeren nun erfahren,
wie schafft man dies in 80 Jahren.
So, daß man richtig jung noch bleibt,
und sich an den Trieben des Lebens freut.

Ich hab nun selber darüber nachgedacht
und mir daraus einen Vers gemacht.

Es ruhen in des Schicksals Schoße
Die guten und die schlechten Lose.
Was immer auch die Menschen treiben
Der Wechsel wird beständig bleiben.
Im Leben geht es rauf und runter,
Das macht elastisch, und hält munter.
Wenn wir die Welt nur flüchtig sehn,
Dann lernen wir sie nicht verstehn.
Sobald wir in die Tiefe steigen,
wird sich ein anderes Bild uns zeigen.
Der Mensch ist klein, der Himmel groß.
Wer das erkennt, der lächelt bloß.
Bleib stets bescheiden, auch im Glück.
Bejammere nicht ein Mißgeschick.
Sei hoffnungsfroh zu jeder Stund,
Dann bleibst Du jung und auch gesund.

Drum lassen wir die Fanfaren erklingen.
wir wollen die Gläser heben, und alle singen.
Tante .... sie lebe hoch, – – –

Otto Flindt

Liebe Freundin ...

Gestatte, daß an diesem Tage auch ich hier ein paar Worte sage.
Denn... Jahre sind es wert, daß man Dich heut gebührend ehrt.
Als erstes schmück ich voller Lust mit dieser Kette Deine Brust.
Sie ist zwar nicht aus Edelstein, auch nicht aus Gold und Elfenbein,
vielmehr hab ich mit der Zeit hier viele Münzen aufgereiht.
Es sind, wenn Du sie zählst einmal jetzt... an der Zahl.
Und Du erkennst wohl sicher bald, daß keine einer andren gleicht.
Da gibt es nämlich manches Stück, das glänzt und strahlt vor lauter Glück,
und dieses steht dann für ein Jahr in dem man richtig glücklich war.
Daneben ist da aber doch, so manche dunkle Münze noch
und diese zeugen von den Jahren, die nicht die allerbesten waren.
Es hat ja wohl in jedem Leben mal Licht, mal Schatten doch gegeben.
Nun aber höre ganz privat von mir den wohl gemeinten Rat,
zieh Dich mit diesem guten Stück ins stille Kämmerlein zurück,
und mach für Dich alleine nur, einmal Bilanz und Inventur.
Per Saldo wird sich dann ergeben, es war doch ein erfülltes Leben.
Und zum Schluß, ich sag es offen, laßt uns doch für die Zukunft hoffen,
daß ich mit vielen Münzen Dir die Kette kann verlängern hier.
Doch diese mögen glänzen hell, wie aus den besten Jahren!

(Die Pfennige haften besser auf dem Seidenband, wenn man sie vorher in Prilwasser säubert. Die aufgeklebten Pfennige sollte man eine Nacht beschweren, damit sie sich nicht lösen.)

Überreicht von Karla Flindt

Wer nich will plögen
un nich will seien,
sik nich mag rögen
un sik nich dreihen,
de mutt sik nich wunnern,
wenn't nicks gifft to meihen.

80. Geburtstag

Die 80 hast Du nun erreicht,
es war gewiß nicht immer leicht,
doch fehlte nicht der Sonnenschein:
Er strahlt Dir noch ins Herz hinein.

Du hast nicht Müh und Plag gescheut,
hast stets die Deinen sehr erfreut,
warst Mittelpunkt und Antriebskraft:
Mit Liebe hast Du es geschafft.

So, wie Du unseren Weg gelenkt,
für alles, was Du uns geschenkt,
sind wir Dir heute alle dankbar:
Liebe Mutter, Du bist wunderbar!

Zu Deinem Ehrentag wünschen wir
Glück, Gesundheit und viel Freude Dir.
Erbitten für dich Gottes Segen
und noch ein langes, schönes Leben.

Mittags- und Abendgerichte

Arme Ritter

2 Eier
1/4 l Milch
15 g Zucker

} gut verquirlen und über

6 Toastbrotscheiben oder Weißbrot gießen, in Paniermehl wenden und in heißem Fett in der Pfanne wie Pfannkuchen backen. Mit Zimt und Zucker, Zitronensaft servieren.

Hans, nimm mi man, ik will ok nich vel eten, aber wenn ik di erst heff, oha, wat will ik freeten.

So'n Goos is'n schnaaksen Vogel. Een is'n beeten wenig un twee verdarft een de Appetit.

Doot as wenn ji to Huus sünd. (bittet die Hausfrau ihre Gäste auf, nicht so bescheiden beim Essen zu sein)

Afrikanischer Braten

1 kg Rinderbraten in 2 cm dicke Scheiben schnei
den
150 g durchwachs. Speck in kleine □
4-5 Zwiebeln in □
Fondorwürze, Pfeffer, Paprika, Maggi
viel Petersilie
Speck, Zwiebeln und Gewürze mischen u.
1 Std. durchziehen lassen.
In einer Jenaer Glasform oder Bräter wird
alles eingeschichtet:
1 Schicht Mischung, dann Fleisch u.s.w.
Mit nassem Pergamentpapier zum Schluß
abdecken, dann den Deckel auflegen u.
bei 180° 3 Std. garen, um dann im
Topf serviert zu werden.
Mit Kartoffeln und Salat servieren.

von Roswitha Schneider

Birnen im Teig

80g Butter
2 Eigelb } schaumig rühren
125g Zucker
500g Mehl
1 Backpulver oder 1 Würfel Hefe bei Oma's Rezept
1/4 l Milch
2 Eischnee
Prise Salz

An den Rührteig 1 kg geschälte, geviertelte u. gedünstete Birnen geben und in einer gefetteten mit 200g Schinkenspeckscheiben ausgelegten Auflaufform 90 Min. 180° backen, obenauf auch einige Speckscheiben legen.
Mit viel Birnenkompott servieren.

Dieses alte fehmarnsche Gericht, „Abenkater" genannt, wurde am Backtag in einer Steinschüssel im großen Backofen gebacken.

Woher kommt der Name „Abenkater". Vielleicht ging der Hefeteig in der Schüssel wie ein Katzenbuckel hoch oder weil eine Katze sich gerne am Ofen wärmt? Aben = Ofen

Blätterteigfleischrolle

1 Paket Blätterteig 400-450g
300g Hackfleisch mit Ei und Gewürzen mischen, 100g gerieb. Käse und etwas Ketchup darunter mischen
Pilze oder Paprika in ▫ ebenfalls dazu, alles auf den ausgerollten Blätterteig verteilen, Butterflöckchen darauf verteilen u. alles aufrollen, mit Ei bestreichen.
30-40 Min. bei 200° backen.
Mit Salat und Cumberland-Soße servieren.

Nun lang man to, bloot ni in de Hoor. (Aufforderung zum Essen)

Ik gönn all Lüd wat, blot mi dat meiste.

He grient as'n Botterliker. (schmieriges Grienen)

Blumenkohlauflauf

1 großen Blumenkohl ca 20 Min. in Salzwasser, dem etwas Zucker u. Essig zugefügt wird, garen, dann in eine gebutterte Auflaufform legen.
200 g durchwachsenen Speck in □ schneiden und anbraten.
2 gehackte Zwiebeln hinzufügen, dann an 4 Eier mit etwas Wasser verquirlt, geben, mit
Salz und Pfeffer abschmecken und alles über den Blumenkohl gießen.
Dick mit geriebenem Käse bestreuen.
30-40 Min. 180° im Backofen garen.
Salzkartoffeln dazu reichen.

Dat is wat för mien Vadder sien Söhn. (das schmeckt)

Beter'n Luus in Kohl as gorkeen Fleesch.

Burgunder Fleisch

von Roswitha Schneider

1 kg Rinderbraten in Gulaschwürfel schneiden
100g durchwachs. Speck in □
3 Zwiebeln
3 Knoblauchzehen
1/4 l Rotwein
1 Glas Kognak
Salz, Pfeffer, Lorbeer, Thymian

Fleisch anbraten, dann Speck, Zwiebel und Knoblauch dazugeben und einige Minuten schmoren, dann mit Kognak flambieren. Alle übrigen Zutaten hinzufügen und kräftig rühren. Die Masse in einen Bräter geben. Das Fleisch muß mit Flüssigkeit bedeckt sein, event. mit Wasser auffüllen. Bräter muß geschlossen sein.
200° ca 2 Std. Bratzeit
Nudeln und Salat dazu essen.

Gefüllte Champignons

20 große Pilze, die Stiele heraus-
drehen und fein hacken
1 kleine Zwiebel fein hacken
event. auch 1 Knoblauchzehe
viel Petersilie grob hacken
Alles Gehackte in Butter ca 5 Min.
andünsten und abkühlen lassen.
100 g Gouda pikant, fein reiben, 3 Eßl.
davon mit 4 Eßl. Creme fraiche
unter die Pilzmasse rühren.
Kräftig mit Salz und Pfeffer würzen.
Eine feuerfeste Form mit Butter aus-
pinseln, die Pilzmasse in die Pilz-
köpfe füllen, dann in die Form
legen und alles mit Käse be-
streuen.
200° 10 Min. überbacken.
Meterbrot mit Knoblauchbutter
event. auch überbacken dazu essen.

Chinakohl-Eintopf

750 g Rindfleisch in 1/2 l Wasser mit 1 Teel. Salz ca. 40 Min. kochen, dann 1 kg Chinakohl in Streifen schneiden u. dazu tun, ebenfalls 3 Wurzeln in Scheiben, 1 Stg. Porree und 1 Stck. Sellerie und weitere 40 Min. schmoren. Mit Pfeffer und Salz abschmecken. Das Fleisch zerkleinern. Salzkartoffeln dazu reichen.

Rookfleesch höllt sik länger. (Meinung der Raucher)

Dat ward ni ümmer so hitt eten, as dat kaakt ward. (alles halb so schlimm)

Damwildbraten

Damwildkeule oder -rücken event. in Buttermilch 1 Nacht marinieren, von Haut und Fett befreien, trocken tupfen, mit Salz und Pfeffer einreiben. Fetten Speck in dünne Scheiben schneiden und den Braten damit belegen. Gewürze wie Wacholder, Lorbeer, Thymian, Nelke, Prise Zucker, etwas Tomatenmark oder ein fertiges Wildgewürz überstreuen.
Zwiebeln, Tomate und Wurzeln dazu geben.
220° im Backofen ca 2½-3 Std. garen, öfter mit etwas Wasser angießen und mit Bratenfond begießen. Brühwürfel oder Brühwürze hinzufügen. Die Soße mit Rotwein, etwas Zitronensaft, Schuß Kognak u. saurer Sahne abschmecken.

Damwildfilets

500g Damhirschfilet vom Hirschrücken in ca 2cm dicke Scheiben schneiden. (von Fett und Knochen befreit)
Butter in der Pfanne erhitzen und die Filets je 3-4 Min von jeder Seite darin braten. Pfeffern und salzen u. warm stellen.
Im Bratfett jetzt Zwiebeln und Pilze braten, mit Creme fraiche und Schuß Kognak oder Wein abschmecken.
Salzkartoffeln und Salat dazu essen.

Lütt beten Vagelsang,
een lustig Leed,
lütt beten Lachen
un een winken öwer'n Tuun,
een fründli Wort
un een lütt beten Leev,
dat is as Sünnenschien
op uns Alldagsweg.

Das kleine Schloßgeheimnis

von Roswitha Schneider

800g Schweinefilet oder Kalbsfilet in 3 cm dicke Scheiben schneiden, mit Salz und Pfeffer würzen, in Mehl wenden und ca 10 Min. bei mittlerer Hitze braten. Das Fleisch dann in eine Jenaer Glasform mit Deckel geben.

125g frische Champignons in Scheiben schneiden, in Butter andünsten und über das Fleisch geben.

1 Camembert in Scheiben schneiden und auch darüber streuen

Folgende heiße Soße darüber gießen: Schwitze von 2 Eßl. Butter und 2 Eßl. Mehl machen, 1/8 l Brühe 1/8 l Milch u. 1/4 l Sahne dazu gießen und aufkochen, dann den Topf vom Herd nehmen u. mit 1 Eigelb legieren, mit Weißwein, Zitronensaft, Salz, Pfeffer, Muskat abschmecken, Petersilie, Kerbel u. Dillspitzen dazu. Nicht mehr kochen.

Alles im Backofen bei 150° 10 Min. erwärmen.

Butterreis und Salat dazu servieren.

Eiersalat

6 hartgekochte Eier in Scheiben schneiden
125 g Schinken in □ „
1 kleine Dose Pilze
1 " " Spargelstücke } ohne Flüssigkeit
1 Dose Mandarinen ohne Saft
alles gut mischen und in eine Schüssel geben und mit Marinade übergießen:
3 Eßl. Mayonnaise
1 Becher saure Sahne
Salz, Petersilie, Tabasco.

Lang man to, Betahlen is eens.
(wenn jemand sehr bescheiden beim Essen ist)

Beer op Wien, dat laat sien, Wien op Beer, dat smeckt na mehr.

Arfen sünd düchtige Dinger, gefft se ok keen Kraft in Knacken, hoolt se doch de Achterport apen.

Frühlingsrolle

1 Packung Blätterteig antauen lassen
und nicht zu dünn ausrollen.
50g Fett erhitzen und
2 Zwiebeln in □ darin andünsten,
200g Beefhack }
200g Rinderhack } dazu geben und
anbraten, abgetropfte Sojakeimlinge,
1 Stg. Porree in dünne Ringe schneiden,
etwas feingehobelter Weißkohl,
1 kleine Dose geschnitt. Champignons,
alles mitschmoren,
2 Eigelb an die Masse rühren u.
abschmecken mit Salz, Pfeffer u.
etwas Sojasauce, alles abkühlen lassen.
200g geraspelter Käse auf die Blätterteig-
platten verteilen, dann die Fleisch-Gemüse-
mischung. Die Rollen gut verschließen
und mit Eigelb bestreichen.
200° 20-30 min. Backzeit

Gemüsekuchen

350 g Mehl
1/2 Teel. Salz
1 Eßl. Öl
1/4 l Milch
1 Würfel Hefe

} Hefeteig bereiten, ein Backblech damit belegen und 20 Min. 200° backen.

Belag:

750 g Porree in Ringe schneiden
200 g Wurzeln raspeln
250 g Zucchini in Scheiben schneiden
1 kleiner Blumenkohl in Röschen zerteilen
100 g Butter

4 frische, feine Bratwürste
3 Eßl. saure Sahne
Salz, Pfeffer u. Muskat

} gut vermischen u. auf dem Teig verteilen, dann

das Gemüse daraufgeben,

3 Eier
1 Becher saure Sahne
1 Eßl. Speisestärke

} würzen, verquirlen u. über das Gemüse gießen. 30 Min. 200°

gerieb. Käse überstreuen u. noch 5 Min. backen.

Gemüsepizza

200g Quark
6 Eßl. Milch
6 Eßl. Öl
1 Ei
etwas Salz
1 Prise Zucker
400g Mehl
2 Teel. Backpulver

Quarkölteig auf ein Backblech ausrollen und mit folgendem Gemüse belegen:

300g Mettwurstscheiben
500g Zucchinischeiben
500g Tomatenscheiben
500g Brokkoli in Röschen
Salz und Pfeffer darüber streuen
300g geriebenen Käse " "
200° 30 Min. backen.

Gebratene Leber

Die Leber vom Wild oder Schwein häuten und in 1cm dicke Scheiben schneiden, in Mehl wenden und in heißer Butter braten, salzen und pfeffern,
Zwiebelringe und geschälte Äpfel dazu tun und noch 10 Min. schmoren.
Saure Sahne zum Abschmecken.
Reis oder Kartoffelmus u. Salat dazu.

Wenn een in't Lewen
trechkamen will,
denn hört darto lütt beten Gripps,
dat groote Muulwark
deit dat nich,
ok nich een neemodschen Slips.

Gefüllte Eier

Hartgekochte Eier quer halbieren, das Eigelb reiben, mit wenig Senf, etwas Öl, Petersilie, Salz, Zitronensaft, fein gewiegten Kapern und Sardellenfilet mischen und in die ausgespülten Eiweißschalen spritzen.

Jede Arf is stimmberechtigt.

Se hebbt mi ni Natt noch Drög anbaden.
(Nichts zu Trinken und nichts zum Essen angeboten)

Großer Hans

von Gertrud Schröder

300 g altes Weißbrot in □ schneiden } einweichen,
3/4 l Milch } dann
5 Eier dazugeben, gut verrühren

6 Eßl. Zucker
10 Eßl. Reismehl oder groben Grieß
1 Teel. Backpulver oder Natron
1 Handvoll Rosinen
2 Eßl. zerlassene Butter
Kardamom

} alles unterrühren und 30 Min. quellen lassen, dann

die Teigmasse in eine gebutterte und panierte Puddingform geben und 1 1/2 - 2 Std. im Wasserbad garen, den Pudding aus der Form stürzen und noch warm mit Kirsch- oder Backobstsoße essen, oder mit Bauchfleisch oder Kaßler und Stachelbeersoße servieren.

Grüner Borschtsch

1 kg Schweinerippe portionieren und in
1½ l Wasser mit Salz und Suppenge-
müse langsam garen. Das Fleisch heraus-
nehmen, die Brühe durch ein Tuch seihen
und in der Brühe kleingeschnittene Kar-
toffeln und eine Handvoll Reis garen,
wenn alles gar ist
1 l Buttermilch und
1/4 l saure Sahne dazu geben.
1/4 l süße Sahne mit 3 Eier verquirlen u.
die Suppe damit legieren.
Fleisch in die Suppe geben oder dazu
reichen. Mit viel feingehacktem Dill
servieren.

von Sabine Cordbarlag

Hackfleischrolle

siehe Quarkbrötchen, für die Hackfleisch-
rolle salzigen Quarkölteig verwenden.

500g Hackfleisch
gehackte Zwiebeln
Salz, Pfeffer
} in Öl anbraten

Den Teig als Rechteck ausrollen, darauf das Hackfleisch verteilen und aufrollen, auf ein Backblech legen und mit Eigelb bestreichen, mehrmals 2cm tief quer einschneiden.

180° 50-60 Min.

Salat und Stippe Dippe oder Ostseesoße dazu reichen.

Wullt du ahn Plaag
dörch't Lewen gahn,
wees plietsch un klook:
so as du di dien Bett opmaakst,
so slöppst du ok.

Hefeteigschnecken

250 g Mehl (ein Teil Vollkornmehl)
20 g Hefe
1 Teel. Zucker
1/2 Tasse lauwarme Milch
1 Ei
Salz

50 g Margarine

Aus den Zutaten einen Hefeteig herstellen, dann ein Rechteck ausrollen und mit Eiermilch bestreichen, (ca 20 x 30 cm), 300 g gekochten Schinken in □ schneiden 300 g Käse raspeln u. beides auf die Hefeteigplatte streuen, diese aufrollen u. in ca 2-3 cm dicke Scheiben schneiden. Mit der Schnittfläche locker in eine Springform legen, mit Eiermilch bestreichen u. 180° ca 25 Min. backen. Salat oder Stippe - Dippe dazu reichen.

Herzhafter Mohnkuchen

250 g Mehl
Prise Salz
2 Eßl. Öl
1/8 l Milch
1/2 Würfel Hefe

} Hefeteig bereiten u. den Teig in eine gefettete Auflaufform kneten und gehen lassen.

Belag:

1 Becher saure Sahne
1 " Creme fraiche
150 g Mohn

} verrühren u. auf den Teig streichen

200 g gekochten Schinken
100 g durchwachsenen Speck

} würfeln ☐ und auf die Creme verteilen.

Butterflöckchen

200° 35 Min. Backzeit

Irish Stew

1 kg Lammfleisch aus der Keule
4 Zwiebeln in Ringe
4 Wurzeln in Scheiben
500 g Kartoffeln in □
1 kg Weißkohl fein geschnitten
Salz, Pfeffer
2 Blatt Lorbeer
2 Teel. Kümmel
1/2 Teel. Thymian
gut 1/4 l Brühe instant
Das Gemüse und die Gewürze werden auf das Fleisch geschichtet und alles 1 1/2 - 2 Std garen, nicht umrühren.
Petersilie

Good Perd starft in de Seeln.

Kinner un dune Lüd seggt de Wohrheit.

Kartoffelklöße

1000 gekochte Kartoffeln vom Tag vorher
reiben und mit 6 Eßl. Weizengrieß
und 1 Teel. Salz und
250g Kartoffelmehl vermengen
1 Tasse heiße Milch unterrühren.
Aus dem Teig Klöße formen und
in Salzwasser 10-12 Min. ziehen
lassen.
Zu Sauerbraten, Wildbraten u.a.
reichen.

Dat is nix för mien Vadder sien Söhn. (nichts für mich)

Ik bin ganz spattlahm. (bin müde)

Stöhnen is de halbe Arbeit.

Laat di Tied – morgen is ok noch'n Dag.

Wes man nich bang, de Arbeit is keen Hund, de bitt di nich.

Fruensarbeit is behend, hett'n Anfang un keen Enn.

Mehlbeutel

von Marlies Lorenzen

je 3 Eßl. Butter u. Schmalz im Topf schmelzen

5 Eigelb
80 g Zucker } verrühren, dann
1 Becher Sahne } hinzufügen, wie auch
1 " Milch } das flüssige Fett
1 Prise Salz
1/4 Rosinen
1 Pck. entsteinte Pflaumen
Zitronenschale
500 g Mehl
5 Eischnee zuletzt unterheben

Den Teig in ein bemehltes Leinentuch füllen, zusammenknoten. Zwei Kochlöffel über Kreuz durch den Knoten stecken u. in einen Topf mit kochendem Wasser hängen. Der Mehlbeutel hängt ca 3-4 Std im Wasser (event. Wasser nachfüllen) Im gleichen Topf gart eine Schweinebacke mit, ca 2 1/2 - 3 Std. Kirschsoße dazu reichen.

Maiskäseplatte

500g Mehl
1 Teel. Salz
2 Eier
4 Eßl. Öl
3 Eßl. Margarine
1 Würfel Hefe
1/4 l lauwarmes Wasser

Hefeteig herstellen u. auf eine gefettete Fettauffangpfanne streichen.

2 Becher Creme fraiche darauf verteilen,
500g Zwiebelmett
2 Dosen Mais ohne Flüssigkeit oder geschnittene Champignons
alles gleichmäßig über den Teig verteilen und alles dick mit geriebenem Käse und Petersilie bestreuen.
10 Min. gehen lassen
25-30 Min. 180° backen,
Heiß servieren.
Bier oder Wein dazu trinken.

Pasteten aus Blätterteig

Aus gekauftem Blätterteig Plätzchen ausstechen, mit einem Fingerhut dieses Plätzchen in der Mitte halb durchstechen, sodaß beim Backen ein Hütchen entsteht.
20 Min. 200° Backzeit
Mit Pilzen oder Fleisch, Zungenragout u.s.w. füllen.

Amerika

Wir erzählen unseren Kindern, daß unsere Nachbarn bald wegziehen werden, da sie ihren Bauernhof verkauft haben.

„Wohin ziehen sie denn?“ wollen Anja und Carsten, 5 und 4 Jahre alt, wissen.

„Vielleicht nach Amerika ...“, antworten wir.

Beide staunen und grübeln.

„Aber dann muß Drews ja noch Englisch lernen“, meint Carsten.

Wir sind sprachlos. Woher weiß ein vierjähriger Knirps, daß man in Amerika Englisch spricht?

Porree - Torte

250g Mehl
125g Butter
1 Ei
etwas Salz

} Mürbeteig kneten und kalt stellen, dann in eine Springform kneten, Rand hochziehen und füllen.

2 kg Porree in Ringe schneiden und in Salzwasser garen, (5 Min), dann gut abtropfen lassen u. auf dem Mürbeteig verteilen.

250g Schinkenspeck in ◻ schneiden und in Butter andünsten, über d. Porree verteilen.

4 Eier
1 Becher Creme-fraiche
1/4 l Milch
Salz, Pfeffer, etwas Muskat

} verquirlen, mit 100g ger. Gouda Käse mischen u. über die Torte gießen. 200° ca 40 Min. backen.

Mit Petersilie und Schinkenröllchen verzieren.

Sahnekartoffeln

1 kg Kartoffeln schälen und in dünne Scheiben schneiden, hochkant in eine gebutterte Auflaufform schichten.
1 1/2 Becher süße Sahne mit 1 Brühwürfel, Pfeffer und Muskat erwärmen und abschmecken, dann über die Kartoffeln gießen.
60 Min. 180° Garzeit

Maak de Ogen to un kiek dörch de Neslöcker.
(wenn Kinder nicht einschlafen wollen)

Kümmt de Katt uns to Linken, ward dat Glück uns noch winken,
kümmt de Katt vun rechts, bedüt't wat Schlecht's.
(Kommt die Katze von links, bedeutet es Glück,
kommt sie von rechts, bedeutet es etwas Schlechtes.)

Ganz egal op Speck oder Aal,
kümmt alln's vun baben.

Schweinefilet mit Banane

500 g Schweinefilet in Medaillons schneiden, in Öl von jeder Seite 3 Min. anbraten, in eine feuerfeste Form legen und mit Salz, Pfeffer und Curry bestreuen.
1 große Banane in Scheiben schneiden und auf die Filetstücke legen.
1 Becher Sahne
1 kleine Dose Tomatenmark } verrühren u. über das Fleisch gießen.
100 g geriebener Käse zum Überstreuen
200° 20 Min. backen
Dazu schmecken Reis und grüner Salat.

Hoch oder platt, dröög oder natt,
Beer oder Wien, groff oder fien,
aver echt mutt dat sien!

Saure Bratwürste

8 grobe, frische Bratwürste
1 l Wasser
1 Tasse Kräuteressig
1 Brühwürfel
1 Teel. Salz
3 Teel. Zucker
1 Lorbeerblatt
1 Nelke
2 - 3 Wacholderbeeren
6 Pfefferkörner

Sud kochen und 20 Min. ziehen lassen, dann 3 Zwiebeln in Ringe schneiden u. dazu tun, die Würste und 1 Glas Wein hineingeben u. ca 15 Min. köcheln lassen.
gestowtes Gemüse und Salzkartoffeln oder Zwiebelbrot dazu reichen.

Selleriepfanne

2 große Zwiebeln in ▯ schneiden, in Butter dünsten, dann
1 große Sellerieknolle raspeln und dazugeben, mit Salz und Pfeffer würzen, dann 4-5 große Kartoffeln raspeln und ebenfalls mitgaren.
Kurz vor dem Servieren 4-5 Eier darüber stocken lassen.
Schmeckt lecker.

Solang as man vun mi snackt, hebbt anner Lüd Ruh.

Wo twee liesen snackt, dor is de drütte sien Leben nich seker.

Dörch Schaden ward man klook, awer nich riek.

Dat geikt narms bunter to as in de Welt.

Lütte Müs hebbt ok Ohren.

Tafelspitz

1 kg Tafelspitz aus der Rinderkeule
1½ l Wasser
Suppengemüse (2 Stg. Porree, 3 Wurzeln, ½ Sellerie)
Salz, Pfefferkörner, Lorbeer
alles 2-3 Std. köcheln
(½ Std. im Schnellkochtopf, 10 Min. Suppenkraut)
Das Fleisch in dünne Scheiben schneiden u. mit gedünst. Gemüse u. Petersilie anrichten. Salzkartoffeln oder Bratkartoffeln mit Speck und Zwiebeln dazu reichen.

Apfel-Meerrettich:
1/8 l geschlagene Sahne
2 geriebene Äpfel
4 Eßl. grieb. Meerrettich
Salz, Pfeffer, Zucker nach Geschmack.
Die Suppenbrühe mit Rosinenreis als Vorspeise reichen.

Wildhacksteaks

Das Fleisch von Hals, Rippen und Blatt gut waschen, von Fett, Sehnen und Haut befreien. Alles durch die grobe und feine Scheibe des Fleischwolfes drehen.

500 g Hack
1 Salz, Pfeffer, etwas Curry
1 Ei
etwas Senf
2 Eßl. Öl
geriebene Zwiebeln
1 eingeweichtes Brötchen oder Paniermehl

Alles gut vermengen, Beefsteaks oder auch Fleischklößchen daraus formen. Zum Einfrieren geeignet.
Mit Bratkartoffeln und Kohlrabi servieren.

Wildpastete

800 g Wildleber oder
500 g Leber u. 300 g Wildfleisch,
300 g durchwachsen. Speck
2 Zwiebeln
3 Stg. Porree

alles durch die feinste Scheibe des Fleischwolfes drehen und dieses 3 mal oder beim Schlachter durchdrehen lassen.

3 Eier, Salz, Pfeffer, Schuß Kognak, abschmecken

Das Wildherz in Stücke schneiden oder mit durchdrehen.

Champignons untermischen.

Eine Kastenform mit Backpapier auslegen und die Fleischmasse einfüllen.

Bei 220° ca 90 Min. backen.

Warm mit Blätterteig und Cumberland-Soße servieren oder kalt als Brotaufschnitt.

Zwiebelkartoffeln

1 kg Pellkartoffeln wie zu Bratkartoffeln vorbereiten.
250 g Zwiebelringe in
60 g Butter dünsten
1 Würfel Hefe zerbröseln und dazu geben, gut verrühren.
40 g Mehl
1/2 l Brühe instant dazu
Salz und Pfeffer
alles 10 Min. köcheln lassen.
Die Kartoffelscheiben mit der Zwiebelsoße in eine Auflaufform schichten, obenauf Butterflöckchen.
200° 45 Min. Backzeit
Geräucherten Schinken und Salat dazu reichen.

Zwiebelschnitzel

6-8 rohe Schnitzel
2 Tüten Zwiebelsuppe
1 Becher saure Sahne }
2 Becher süße Sahne } verrühren
1 Beutel Zwiebelsuppe in die Grillpfanne streuen, darauf die rohen Schnitzel, dann die 2. Tüte Zwiebelsuppe darüber streuen und die Sahne ebenfalls.
1 Nacht zugedeckt stehenlassen.
3/4 - 1 Std. im Backofen 200° garen.
Kartoffelgratin kann im Umluft-ofen gleich mit garen
Salat dazu reichen.

Auch mit Fischfilet oder Putenfleisch geeignet.

Hochzeitsgirlande

Girlande mit rosa Pappglücksschweinchen statt Blumen.

Zum Polterabend:
Der 1. Trecker mit Frontlader kippt viele Scherben zum Poltern heraus.
Der 2. Trecker mit Frontlader kippt nur eine Tasse heraus. Lustig.

Das Küssen beim Hochzeitsschmaus:
Freunde verursachen durch erst leises Klingen der Teelöffel an den Gläsern ein lustiges Klingeln, ein Zeichen für das Brautpaar, sich zu küssen. Wird des öfteren (nicht zu oft) wiederholt, auch dann noch, wenn keiner mehr daran denkt, z. B. nachts beim Kaffee oder Frühstück.

Besök

Holler – boller – hillerjahn,
morgen gifft Besök. –
Kiek blots mal dat Leven an
achter in de Köök.

Mudder backt nu Krintenbroot,
ei, – dat rüükt so frisch.
Zuckerkringeln, rund un groot,
de kaamt morrn to Disch.

Plätten gifft dat, groot un lütt
un ok spaanschen Wind. –
Unkel bringt wat Schönes mit,
wenn wi ordig sünd.

Mudder is för dull togang
achter in de Köök. –
Holler – boller – hillerjahn,
morgen gifft Besök!

Hans Hansen Palmus

Die ersten Gratulanten

Laat uns doch mal mit veer Ogen ut de Bettsted kicken.

Wat kiekst mi an, ik heff all'n Mann, weerst du öher kamen, harr 'k di ok nich nahmen.

Se möt heiraten, dor sitt en Driewer achter.

„Wer weer de glücklichste Mensch op de Eer?" „Adam, he harr keen Swiegermudder."

Hochtied dörf man nich bi afnehmen Maand maken.

Wo man nich angelt, bitt uk nix an.

Een Perd kann de Ploog ni trecken, se möt beide anfaten.

Buur

„De nix hett, kann nix verlern“, sä de Buur, dor versööp he sien letztes Geld.

„Dat Gesich mach ik lieden“, sä de Buur, as de Swienskopp to Disch keem.

De Buurn sünd ümmer untofreden. Sünd bloot groote Kartüffeln wussen, hebbt se keen lütt för de Swien.

Een lütt Vergnögen mütt ik ok hebbn, sä de Buur, dor kettelt he sien Fru mit de Mistfork.

Nix geiht öwer'n lütten Klönsnack, sä de Buur, dor harr he dree Dag bi'n Nawer seten.

„Recht hesst du“, sä de Buur to sien Fru, „awer dat Muul schasst du holen.“

Suus un Bruus bringt die vun Huus un Hof.

Wat to'n Swienstrog tohaun is, dor ward keen Vigelien ut.

Aller Anfang is swor, bloot ni bien Steensammeln, dor ward dat ümmer sworer.

Gegen ‘n Feuder Mist kann man ni anstinken, sä de Buur, as se em raden, sien Goodsherrn to verklogen.

Wenn de Krüffen leer sünd, biet sik de Per.

De dummsten Buurn hebbt de gröttsten Kartüffeln.

Buur warn is lichter as Buur blieben.

Wat de Buur nich kennt, dat fritt he nich.

Hett de Buur Geld, hett't de ganze Welt.

„Wat de Buur ni kennt, dat fritt he nich", sä de Buur, dor schull he Gornspeck (Gurken) eten.

Dor geiht dat rein Rad rund. (dort geht es zügig voran, die Wagenräder wurden vom Schmutz durch flottes Fahren befreit)

„Enen Fulen kann de Hof man ernähren", sä de Buur, „un dat will ik gern sülms wesen!"

Watt sünd wi Buurn vergnögt un hebbt dat gorni nödig. (immer vergnügt)

He qualmt, as wenn en lütt Mann backt. (Die Kleinbauern waren arm und hatten auch schlechtes, nasses Brennholz.)

Kranzgedicht zur goldenen Hochzeit

Es gleicht kein Kranz auf Erden
dem gold'nen Hochzeitskranz;
wenn and're farblos werden,
behält er seinen Glanz.

Von Myrte, Rosen, Nelken
und schönstem Blättergrün,
sieht man sie alle welken,
wie auch die Farben glühn.

Das Silber selbst wird dunkel
und sieht dann traurig aus,
das Gold durch sein Gefunkel
beständig schmückt das Haus.

Für fünfzig lange Jahre
man nur allein ihn gibt
dem gold'nen Jubelpaare,
das sich wie ihr geliebt.

So mögt ihr ihn empfangen
als schönsten Ehrenpreis,
den heute voll Verlangen
ich darzubringen weiß.

Mag er noch lange schmücken
Euch, hochverehrtes Paar!
Und segensreich beglücken
in Eurer Lieben Schar!

Fierdag

Wi hebb of as Kinner speelt –
Brüdigam un Bruut
Kranz un Schleier vun Papier,
dat söch drollig ut
wie sünd worn ümmer gröter
un nu is dat noch vel beter.
Du büst min un ik bün dien.

Uns Petrus bab'n in Himmelriek
grient in sien Bort,
denn he freut sick
un sech toon Maan un to de Stern
kiek mal, de twee
de hebbt sick gern,
un all de Engel singt un drein
för Freuden sick in Ringelrein
denn wenn twee Menschen finden sick
is Fierdag ok in't Himmelriek

Jep Nissen-Andersen

Danke!

Unsere Hochzeit ist vorbei
und auch die schöne Feierei.
Glückwünsche gab's in großer Zahl,
Blumen und Geschenke viele Mal.
Verwandten, Freunden, Nachbarn und
Bekannten,
die unser Fest so schön geschmückt
und uns mit Vorträgen beglückt,
das alles hat uns sehr gefreut,
wir sagen herzlich danke heut'.

Anregungen

Nach der standesamtlichen Trauung soll das Brautpaar z. B. im Sommer einen geschmückten Tannenbaum verkaufen, eine Kuh melken, mit einer Nagelschere ein großes rotes Herz, welches auf ein weißes Tuch gemalt wurde, ausschneiden, dann hindurch steigen.

Hochzeitsauto voller Luftballons. Kiste mit Korn oder Sand füllen, Geldbetrag darin verstecken, das Brautpaar muß das Geld heraussieben oder event. die Kiste mit Hängeschloß verschließen. Den Schlüssel bekommt eine Dame und der Bräutigam muß also durch fleißiges Tanzen herausfragen, wer den Schlüssel besitzt, erst dann kann das Brautpaar an den Inhalt der Kiste gelangen.

Marschwalzer

Allgemein bekannt, doch hier eine kleine Änderung.

Wenn der Kapellmeister „jetzt" ruft, machen alle eine Kehrtwendung, der Damenkreis wie auch der Herrenkreis, einige Male wird dieses wiederholt. „Jetzt" sagt der Kapellmeister auch, wenn ein Walzer gespielt wird.

„Jetzt einen Walzer."

Es erfolgt meistens ein großes Gelächter, weil alle sich wieder umdrehen wollen.

Prost, Prost, Prost, nu geiht dat weller los,
wenn ji all een hebbt, will ik ok en hebb'n,
dat ik em gor nich mag,
kann ik uk nich seggn,
Prost, prost, prost, nu geiht dat weller los.

Hochzeits-Glückwunsch!

Hurrah! – heut' ist in Fehmarn-West
Ein wunderschönes Hochzeitsfest:
Der Onkel Hannes, flink und schlau,
Nimmt Tante Annkatrin zur Frau!

Da will ich nun auch anmarschier'n
Will recht von Herzen gratulier'n
Und wünschen, daß in Eurer Eh'
Euch immer Glück zur Seite steh'!

Und braucht mal eine gute Kraft
Der „Meister in der Landwirtschaft",
Sagt nur Bescheid, ich komm' sofort
Und helf in .... Euch dort.

Dann lern' beim „Meister" ich wohl sacht,
Wie man's am allerbesten macht
Und werd' einmal, mit Fleiß'und Ruh,
Ein tücht'ger Bauer, grad wie Du!

Drum zieht nun fröhlich Hand in Hand
Auf Euern Hof, ins Eheland;
Bleibt fein gesund, habt guten Mut,
Seid immer Euch von Herzen gut!

Und feiert heut' auf's allerbest
Das schöne „Grüne-Hochzeitfest"
Mit Euern Gästen, groß und klein,
Und Ihr sollt die Vergnügsten sein!
Glück auf!

Jep Nissen Andersen

Soßen

„Wird's besser? Wird's schlimmer?" fragt man alljährlich.
Seien wir ehrlich: Leben ist immer lebensgefährlich.

Aprikosensoße

Aprikosen 1 Nacht in Weißwein quellen lassen, Schuß Rum dazu und etwas Zucker, zum Kochen bringen und dann pürieren.
zu geräuchert. Putenbrust reichen.

De Luten sünd nich so schlimm as de Liesen.

Du kannst old warn, wenn du lang lefst.

Hem is hem un kriegen Kunst.

Lütt Kinner un ool Lüd müt ern Willen kriegen.

Wat nich klaut is kümmt weller.

Hool di an Tuun, de Himmel is hoch.

Cumberland-Soße

2-3 Eßl. Öl
1 Eßl. scharfer Senf
4 Eßl. Johannisbeergelee
2 Eßl. Rotwein
Zitronensaft
abgeriebene Orangenschale
alles gut verrühren.
Servieren zur Blätterteigfleischrolle oder ähnlichem, zu Wildgerichten u. zu geräucherter Putenbrust.

Hool fast wat du hesst un nimm wat du kriegen kannst, denn weest du, wat du hest.

Wi hebbt all een Gott, man bloot nich all een Globen.

Bi Mien un Dien höllt de Fröndschaft op.

Wi ward to fröh old un to laat klook.

Gorgonzola-Soße

200 g Champignons blättrig schneiden
1-2 Zwiebeln in □
150 g gekochten Schinken od. Bierschinken in Streifen schneiden
alles andünsten und mit
2 Becher Sahne löschen u. 30 Min. köcheln
100-150 g Gorgonzola in □ schneiden und in der Soße auflösen.
Salz und Pfeffer zum Abschmecken.
Schmeckt gut zu Spaghetti.

Ik kann dat Ketteln an Hals nich good af, se de Deef, dor schull he hängt war.

So oold as'n Koh un lehrt ümmer noch wat to.

Nix as Kreihnschiet in Kopp.

Hackfleischsoße

1 Zwiebel in □ in Öl schmoren, dann
400g Hackfleisch dazu geben, mit
1/2 l Wasser löschen und aufkochen,
1 Dose geschnittene Champignons dazu,
etwas Tomatenmark
gewürfelte Gurken und Paprika
1 Brühwürfel zufügen und noch 10 Min.
schmoren lassen
Event. etwas andicken u. Sahne zufügen.
Lecker zu Nudeln.

Schnackt man vun Düwel, is he nich wiet.

Wenn ool Böm ümplant ward, gaht se in. (im Alter keinen Menschen an neue Verhältnisse gewöhnen)

Nimm di in acht vör den Slieker, de Bieter deit di nix.

He is vun Bön fullen un hett sik de Hoor afbraken. (Haare geschnitten)

Wenn't Unglück sien schall, kannst de Finger in de Näs afbreken.

Käsecreme zum Überbacken

1 Eßl. Butter
1 Zwiebel in ☐ darin glasig schmoren
3 Teel. Mehl dazu geben
1/4 l Milch hinzu u. aufkochen
1 Eigelb zum Legieren
150 g gerieb. Käse
Salz, Pfeffer, Muskat zum Abschmecken
Käsesoße über das Gemüse z. B.
Blumenkohl, Spargel, Brokkoli, Pilze
gießen und 10 Min. im heißen
Ofen überbacken. (200°)

Dat letzte Hemd hett keen Taschen.

Dat löppt sik allns torecht, blots keen scheve Hack.

Meerrettichsauce zu Tafelspitz.

Mehlschwitze mit Brühe, 2 Eßl. geriebenen Meerrettich dazu, aufkochen, dann mit Eigelb legieren.
Salz und Zitronensaft abschmecken.
Event. einige Rosinen dazu geben.
Zu Tafelspitz servieren.

Kumm her ik will di ophölpen.

Giff her, ik sammel op.

Pack sleit sik um Pack versteiht sik.

„Allns mit Maten“, sä de Snieder, dor slög he sin Fru mit de El.

Bang bin ik nich, awer lopen kann ik fix.

Örst Gewinn is Kattengewinn, tweet Gewinn in’n Büdel rin.

Orangenmeerrettich

Frisch gekochter, heißer Apfelmus mit geriebenem Meerrettich mischen, erkalten lassen, durch ein Sieb streichen, nun mit Apfelsinensaft u. Weißwein abschmecken, Prise Zucker.
Die Masse soll süßsäuerlich und nach Orangen und Meerrettich schmecken u. einer dicken Sauce gleichen.
Zu geräuchert. Putenbrust reichen.

„Dat will ik wull kriegen", sä de Afkaat, dor meen he dat Geld.

De wat heegt, de hett wat.

Eeten un Drinken hölt Lief un Seel tosamen.

Op jeden Pott paßt een Deckel.

Twee harte Steen malt schlecht.

Arm un riek, de Dood maakt gliek.

Op een Been kann man nich stahn.

Kümmt Tiet, kümmt Raat.

De gröttsten Prahlers sünd de schlechsten Betahlers.

Ostseesoße

1 Becher Schmand oder saure Sahne
etwas Milch
1 Teel. Senf
1 Eßl. Tomatenketchup
Schnittlauch, Dill, Petersilie
Kräutersalatmischung
zu grünem Salat, Gurkensalat u. s. w.
reichen.

De Mann dörf allens eten, aver nich allens weten.

Stöhnen is de halve Arbeit.

Mit de Arbeit ward'n Barg Tied verträdelt.

Bedenken is dat Best bi'n Menschen.

He mütt Mudder's Schosteen roken sehn.

Schnittlauchsoße

60 g Weißbrot ohne Rinde in □ schneiden,
in etwas Milch einweichen u. ausdrücken
3 hartgekochte Eigelb gerieben mit } verrühren
2 Eßl. Öl
1 Becher Yoghurt } verrühren
3 Eßl. Mayonnaise
Salz, Pfeffer, Zucker, Zitrone z. Abschmecken
Schnittlauch, alles zusammenrühren.
Bald servieren, geeignet für Tafelspitz u.s.w.

Bögen is beter as breken.

Kinner mit'n Willen kriegt wat op de Brillen.

Laat de Kreihn man nicht mit di wegflegen. (wenn ein Kind noch Speisereste am Mund hat)

Stippe - Dippe

125 g Quark
1 Becher Creme fraiche
1/2 Tüte Zwiebelsuppe
alles gut verrühren u. einige Stunden durchziehen lassen.
Geeignet zum Grillabend zu Fleisch, rohem Gemüse, Hefeteigschnecken.

Wat jung is, dat summt, wat oolt is, dat brummt.

So jung kaamt wie nich weller tosam.

Beten scheef hett Gott leef.

Fenchelsoße

2 Fenchelknollen mit etwas Grün
1 Zwiebel
2 grüne Pfefferonen
1 Eßl. Maiskernpuder zum Binden
Olivenöl
Pfeffer, Salz, Petersilie

Das Gemüse feinhacken und in Öl ca 15 Min. schmoren, dann mit Petersilie pürieren und mit dem Mehl in etwas Wasser verrührt, binden. Event. noch etwas Öl dazu geben, abschmecken. Heiß servieren.
Dazu reicht man kurz gebratene Garnelen und Meterbrot.
Mit Orangen- oder Limonenscheiben garnieren.

De Pingsttour

Een Leed ut Schleswig-Holsteen

To Pingsten ach wie scheun, wenn die Natur so greun
un alln's no but'n geiht, dat is ne wohre Freid.
Besunners för die Görn, die heurt man raisonern,
weur Pingsten doch erst bloß, denn goht wie loß.
Kummt nu Pingstabend ran, denn geiht'n Leben an.
De Modder seept de Görn von achtern un von vörn.
Sünd's wuschen nu un kämmt,
denn kriegte se an 'n reines Hemd
un denn geiht dat mit Gejuch, rin in de Puch.
De Vadder nu to 'n annern Morgen
deit sick mit Proviant versorg'n.
Eier, Käse, Wurst un Schinken
ok verschienerlee to drinken.
Dormit keen Minsch de Tied verslöppt
treckt he noch den'n Wecker op,
un annern Morgen gegen söß,
dor schippert los de Troß.

De Vadder geiht vöran, en witte Maibüx an,
sien Jung kümmt in de Mitt' natürlich ok in Witt,
dorbi hebbt's oppn'n Kopp en fien'n Strohhoot op.
Alln's sauber un mit Schick, grod wie gelickt.
Un nu kommt achterher, mit't allerlützte Gör
in'n grot'n Kinnerwag 'n, de Modder angeschob'n.
De Dochter makt den Schluß, stolz, voller Hochgenuß
in Arm mit ehr'n Freier, een Pipendreiher.
Een jeder während se nu marscheert,
op eg'ne Fust sick amüseert.
De Vadder vörn, de kippt sick een,
de Jung dorachter grapst Sireen,
de Modder mutt so in't Gedräng'n
denn Lüttsten öfter dreug mal leg'n.
Dat Liebespoor kümmt achterher,
de snackt vun em un ehr.

So geiht bit't Quell'ntal. Dor leggt man sick nu dahl
in't scheune weeke Moos, – nu geiht dat Futtern los.
Een jeder matt un meud, langt na de Bodderbreud,
se fallt doröber her, as so'n Bär.
Dormit dat beter rutscht, ward ut de Buddels lutscht.
De Vadder un de Söhn, de holt sick an den Köm,
un ok de Piependreiher is op den Buddel Freier.
De Dochter un de Froo – mookt ebenso.
Bi lütten ward de Kram fideel.
Man heurt jem sing'n ut vuller Kehl
von Edelweiß, die Wacht am Rhein,
die Fischerin un Komm se rein.
De anner Siet, de blarrt jedoch:
Lebt denn mein Male noch.
In Grunewald is Holtauktschon
un dennoch Revolutschon.

Op eenmal, wat gemeen, eh'r eener sick verseh'n,
dor kümmt von baben dal, en Regen kolossal.
De ganze Minschenschwarm, de kümmt nu in Alarm,
De Fruunslüd kriescht un jucht – de Mannslüd flucht.
De Vadder springt nu op, glitscht ut un fallt darop
grod op denn Kinnerwagen,
de kippt un fallt in'n Graben.
He mit sien witte Büx, recht in so'n deepe Pütz
mitsamt dat lüttje Gör, – wat een Malheur.
Een jeder söcht nu Schutz to finn'n
de Minschen rennt dörch Dick un Dünn.
De Mäkens un de Froons vörop
mit all'de Röck hoch baben Kopp.
De Anblick is sehr intressant,
worüm, dat liggt klor op de Hand,
bi so wat, kriggt man, ik meen,
doch verschiedenerlee to sehn'n.

Na endlich no denn Suus, dor geiht dat nu to Huus.
De Vadder un sien Söhn sünd nüdlich antoseh'n.
De scheune witte Büx süh't ut wie Stebelwix,
de Strohheut sünd so schlapp, wie ollet Papp.
De Brögam un de Brut, de seh't erst lecker ut,
de harr'n, wat sull'n se maken,
sick beid' in't Hei verkrapen.
Dat allerlüttste Gör weur dörchnatt, dör un dör.
De Modder weur so natt as wie so'n Katt.
De een schuwt achternanner'n her,
grad wie die Geus, se künn nich mehr.
Un dorbi alle Ogenblick
verswind't mal eener achtern Knick.
Grad' wie gerädert un half doot
kummt se endlich an de Bod.
So ward in Hamborg Pingst'n fieert
und sick fein amüsiert.

Een Problem

De Stadtinspekter Bödewadt
föhrt jeden Morgen in de Stadt.

Bi'n Afscheed gifft he denn ton Sluß
sien junge Fro een dicken Kuß.

Fro Willer seggt to ehren Mann:
„Dor nehm di mal een Bispill an.

Bewies mal beeten Aktion,
ik finn, – dat kunnst du ok mal doon –."

„Dat dä ik gern, – son smucke Fro, –
man blots... wat seggt ehr Mann dorto."

Hans Hansen Palmus

Max un Moritz

Wer wol in Wilhelm Busch het lesen
Weet wer Max un Moritz wesen
weet ok dat de beiden Bengels
würklich sünd keen reine Engels
Max un Moritz hier vun Knus
Hebben dreemal soveel Lust
Allerwärts Radau to maken
Un ok sünst noch böse Sacken.
Ist in Burg eenmal wat los
annerndags denn hört man blos
Moritz hett all weller rapst,
Max hett uk dortwischen grapst.
Erst denn nehmt se blos de Fust
As dat Mod is op'n Knust
Doch de dree, veer letzten mal
wör dat wirklich een Skandal.
Harmlos Lüd holt's erst ton Besten
Rieten aff er Rock un Westen
Schlips mütt weg un Hemd un Krogen
Og un Näs ward blödig schlogen
Hebbt se enen so vertogelt
dat se blöden as de Swien,
Doch in Burg mütt datt so sien
Und so as de Ollen sungen
Fleiten lang ok all de Jungen.
Max un Moritz un ehr Lüd
Gahn entschieden veel to wiet.
Ik segg wohl nich toveel
Burg is ja een Räuberhöhle
Un ik segg sogor noch mehr
Sowat stört den Badverkehr.
Nehmt vun mi den goden Rat,
Schlagt de Lümmels erst halv dot.
Un wenn's denn noch nich pareern
Schall de Doktor se kastreern.

Krüper (1930)

To Foots loopen

Nah't Kaffeedrinken sitt, wie immer,
Buer Hans noch beeten in sin Zimmer.
Dat Dagblatt hett he för sick lingen,
will weeten, wat de Farken bringen,
watt he woll för sin Weeten kreeg,
und stellt nu fast, de Pris sünd leeg.
He ärgert sick ganz fürchterlich,
sin Luun, de ward recht grägelich.
So hett't sin öllsten Söhn schlecht droopen,
as de kümmt in de Stuv rinlopen,
üm wedder mol dat to versöken,
weil em dat deit nah'n Auto jöken.
„Een Auto hest du mi versproken,
wann endlich wist du wohr dat moken?"
„Een Auto kriegst du, dat's gewiss,
wenn mol betahlt uns Trecker is!"
De Söhn, de dreiht sick wortlos rüm,
den Ohlen stimmt he doch nich üm.
Fritz kümmt Oogenblick later rin,
een Moped liggt em in den Sinn.
Dor up luert he schon ewig lang,
und frögt nu sinen Vadder bang.
Ok he hört to sin Ärgernis:
„Wenn mol betahlt uns Trecker is!"
Dor helpt kenn Betteln und keen Drängen,
he geiht und lett de Ohren hängen.
As truurig he de Stuv verlööt,
kummt lütt Korl em in de Mööt.
De is jüst erst fif Johr old wor'n,
as Nahkömmling wurr he gebor'n.
De Lütt is sünst ganz schön vertrocken,
doch hüüt dor kann he ok nix moken.
For't Dreerad steit dat Hindernis,
weil nich betahlt der Trecker is!
Poor Tränen hebbt em ok nichts nützt,
denn is he gau nah buuten flitzt.

Dor sitt de Hahn jüst op de Hehn,
he stött em dahl mit linke Been
und gröhlt den Gockel achterher:
„Mitfohr'n givt dat nu nich mehr.
Erst mutt betahlt der Trecker ween,
denn dörfst du wedder up de Hehn!"

Dat treckt sich allns no't Lief torecht!

En Fru mit Wotteln, Krut un Kram,
de alle Woch en poormal kam,
Stünn ok hüt morgen vör uns' Dör
un leggt mien Fru ehr Wooren vör.
Mien Fru köfft ok een ganzen Pack'n,
un wull noch gern en beten snack'n.
Nanu, dach se, bin ik ni klook,
sünst snackt de Hökersch as en Book,
un hüt deit se blos ümmer swieg 'n
un deit dat Mul kum apen krieg'n.
Mien Fru de kunn keen Wort verstahn
un frög ehr: „Heff ik se wat dan?"
Dor keem se rut mit ehr Bewarft:
„Ne", seggt se, „ne, ik heff wat arft!"
„Och, ne", seggt se un föhl ehr Backen,
„mi fallt man bloß so swor dat Snacken. –
Mien Tante, de verstorben is,
het mi vermakt ehr ol Gebiß,
un dat makt mi doch veel to schaff'n
dat Deert sitt scheef un will nich pass'n."
Dor meen mien Fru: „Dat is ni slimm,
dat wör ok so bi Nawer Timm,
denn paß so'n Deert ok ers so slecht,
doch naher – wüß sick dat torecht."

Überreicht von Kalli Klüver

Wesseljohrn

De Schoster Pieck harr'n banni fuule Froo
Jo, mit ehr Arbeit wer't man so'n Gedoh
Se kunnt nich af, sä se, denn se woer krank.
Man mit de Tung wers um so mehr in Gang
Un ümmer hett's de glieke Utred bruukt,
Se harr as Kind, sä se, 'ne Mark versluckt,
De ehr bit hüt noch fast in'n Dickdarm seet,
De arme Froo, se dä sick sülms leed
Tolets wörr dat Jan Pieck to bunt
Du harr's all lang no'n Dokter hengahn kunnt
Schimp he vergräzt, du hest man bloot keen Moot
Een düchtid Affeurmiddel dä di good
Wenn du nich deist, warr ik no'n Dokter gahn
Noch hüt den Dag. Jawoll, hest mi verstahn?
Kann sien, dat he een Middel di verschrivt
Dat di de Grilln mitsamt de Mark verdrivt.
Pieck mök sick denn ok richti op de Been
Un as he denn den Dokter kreeg to sehn,
Vertell he em sien Leiden mit de Froo
De Dokter nick und sä: Hm, hm, soso.
Worop he em 'ne Schachtel Pilln verschreev
Un dat Rezept em mit den Ratschlag geev,
He schull sien Froo, wenn se muß affeuhrn gahn
Kort vörher eers 'ne Mark in'n Nachpott dohn
Sie fällt bestimmt auf diesen Trick herein,
Denn daß das Geld noch sollt im Innern sein
Ist ausgeschlossen, sä de kloke Mann
Doch wenden Sie die kleine List nur an,
Vor allem aber machen Sie's geschickt,
Daß sie's nicht merkt, weils sonst mißglückt.
Un denn hett Pieck den Dokter jo betahlt
Un sick de Pilln bi'n Aftheker haalt
To Hus hett denn sien Olsch ganz bannig muckt
No groten Larm eers, hett's de Pilln schluckt
Un dann güng's to Bett un nan korte Tied
Fung't an to grummeln... un denn wert so wiet

De Nachpott stunn all ünnern Bett parat
Man, weil he keen enzelt Markstück hatt
Schmeet Pieck twee Föftipennstück in de Jüch
Wat schull he moken, anners harr he dat nich.
As nu Froo Pieck ehr Resultat bekeek,
Wobi's den Rüker in den Nachpoot steek,
Wärr se de twee Fiefgroschenstück gewohr
Mein Gott, röp se, dat is doch sonnerbor
Dat schall de Mark sien? Kiek di dat mol an
Dat mag begriepen, wer dat begriepen kann.
„Wat denn", sä Pieck, „dat will ik di wohl verklorn,
du büst doch in de Wesseljohrn."

Een Kett-car

Wör düsse Witz a bi'n Boo vun de Cheopspyramide as to old aflehnt?

Lütt Niklas har so gern een Kett-car. He beddelt bi sien Vadder, de awer seggt: „Örst mütt uns Auto betaalt warn. Lütt Niklas versöch dat bi sien Mudder. „Mudder, köpst du mi en Kett-car?" „Nee, mien Jung, örst mütt dat Auto betallt warn." He is ganz trurig. Dat duurt nich lang, dor seggt he: „Mudder, spellst du mit mi ‚Vadder un Mudder'?" Mudder willigt in. Lütt Niklas seggt to ehr: „Gah du man a to Bed, ik kam glieks na." Mudder treckt sick ut un geiht to Bed. Lütt Niklas set sick Vadders Mütz op, treckt Vadder's Jack an, ritt de Slaapstuvdör apen un röpt: „Mudder, opstahn, wüllt na' Stadt un de Jung en Kett-car köpen."

Schnacks bin Kortenspeeln

Mehr Lehm, seggt de Pötter. (Gute Karten zeigen)

Ut jeden Dörp een Köter. (von jeder Farbe etwas)

Dor geit he hen un singt nich mehr.

De Düwel schitt ümmer op'n gröttsten Dutt. (wo was ist kommt noch mehr dazu)

De ganze Mors full Piken. (Pik)

Speel dat wat de Koh fritt. (Klewer)

Karutschen mit Maibotter (Karo)

Een Hart hett jeder. (Herz)

Kortenspeeln is doch beter als sludern.

De tuschen will, will ok bedregen.

He töhmt dat Perd vun achtern op. (geht das Spiel verkehrt an)

Dat is mi to seut.

Snied di man nich in'n Finger.

Dörch de Röhr kieken. (kein Glück)

Dörch de Klör juchen. (falsch bedienen)

Dor fallt'n Appel ut de Röhr. (wenn der Partner eine gute Karte bedient)

Dat geit üm as in Grotenbro dat Backen. (das Glück beim Spiel)

Een good Perd treckt tweemal.

Torten und Gebäck

After - eight - Torte

4 Eier
4 Eßl. Wasser
150 g Zucker
75 g Mehl
75 g Pudermehl
1 Teel. Backpulver
2 Eßl. Kakao
1 Eßl. Öl

Eiweiß mit Wasser schlagen, dann Zucker u. Eigelb hinzufügen.

75 g Mehl, 75 g Pudermehl, 1 Teel. Backpulver: mischen und unterheben.

2 Eßl. Kakao, 1 Eßl. Öl: zuletzt unterziehen

Teig in einer Tortenform abbacken.
180° 35 Min.

Füllung: 4 Becher Sahne mit 400 g After-eight aufkochen (einige Plättchen zum Garnieren verwenden) und kalt stellen, steifschlagen, Torte damit füllen u. garnieren.

Es können auch einige Kirschen zum Füllen verwendet werden.

Aprikosenkuchen

450g Mehl
1 Ei
150g Zucker
1 V-Zucker
1 Citro-back
300g Butter

Mürbeteig kneten, auf einem gefett. Backblech dünn ausrollen und 8 Min. 180° vorbacken,

500g Quark
100g Zucker
3 Teel. Zitronensaft
1 Pck. Vanillepuddingpulver
4 Eier

diese Quarkmischung auf den vorgeback. Teig streichen u. dicht mit 2-3 Dosen Aprickosenhälften belegen.
30 Min. 180° weiterbacken.
Mit Staubzucker bestäuben oder mit erwärmter Aprikosenkonfitüre bestreichen.

Plietsch mütt man sien, klook sünd se all.

Aprikosen-Mohn-Marmorkuchen

250g Butter
250g Zucker
1 V-Zucker
4 Eier
} schaumig rühren

1 Teel. abgerieb. Zitronenschale

500g Mehl
1 Pck. Backpulver } mischen,

den Teig halbieren, an die 1 Hälfte
200g Aprikosen aus d. Glas grob pürieren,
untermischen, an die andere Hälfte
75g gemahl. Mohn u. 1 Orangensaft
Die Teige in eine gefettete Springform
füllen und mit einer Gabel durch-
ziehen.

180° 50-60 Min. Backzeit.

Den Kuchen auskühlen lassen u. dann
mit Schokoglasur überziehen.
Topfkuchenform auch geeignet.

Braune Pfeffernüsse

500g Butter
250g Zucker
250g hellen Sirup } aufkochen und abkühlen lassen
1000g Mehl

ca 1/2 Tüte Pottasche in etwas Wasser auflösen und an den Teig geben, nicht auf trockenes Mehl, es entstehen sonst dunkle Flecken im Kuchen.

gehackte Mandeln
Nelkengewürz
Kardamom } hinzufügen und

dann Rollen formen ca 4cm Ø, 1 Nacht ruhen lassen, dünne Plätzchen abschneiden. 10 Min. 180° Backzeit.

Lecker schmecken braune Pfeffernüsse in der Adventszeit auf mit Butter bestrichenes Weißbrot.

Buchweizentorte

von Helga Janssen

4 Eier, Eiweiß schlagen,
3 Eßl. Wasser
100 g brauner Zucker
120g Buchweizenmehl
100g gehackte Nüsse
1 Eßl. Rum
1/2 Teel. Backpulver
30 Min. 160° backen

Füllung:
3/4 l Sahne
1 Glas Preiselbeeren
1 Sahnesteif

Je mehr man in Dreck röhrt, je mehr stinkt dat.

De lüggt, bedrüggt.

Wenn ut Kohschiet Bodder ward, dat is nix wert.

Een Kreih hackt de anner de Ogen nich ut.

Butterkringel

250 g Butter
1 Becher geschlagene Sahne
250 g Mehl
1 Paket Trockenhefe } mischen
1 Prise Salz
alles zu einem Teig zusammenkneten, kalt stellen, Kringel aus bleistiftdicken Rollen formen, in Hagelzucker ganz flach ausdrücken und backen.
250 g Hagelzucker
Backzeit: ca 10 Min. 175°
Ergibt ca 80 Kringel, gefriergeeignet.

Oma Annemarie

De Dood lett sik nich smeern.

Ümsümst is nich mal de Dood, de müsst mit'n Leben betalln.

De een sien Dood is denn annern sien Brod.

Wenn ut Schied wat ward!

Se hett luter Kreihnschiet in'n Kopp.

Buttermilchkuchen

1 Mürbeteig kneten, nicht vorbacken
1/2 l Buttermilch
1 Becher süße Sahne
1 Yoghurt
1 Vanillepuddingpulver

5 Eigelb
200g Zucker } schaumig rühren, dann
an die Puddingmasse geben,
5 Eischnee unterheben.
In der Tortenform
180° 60 Min. backen, die letzten
10 Min. 160°
Vor dem Servieren mit Staubzucker
bestäuben.

Eierlikörsahne

für Windbeutel und Törtchen

250 g Schlagsahne
1 Eßl. Zucker
1/8 l Eierlikör
3 Bl. weiße Gelatine erwärmen u. an die Sahne geben, event. mit Eierlikör verrühren.
1 Dose Pfirsiche in Spalten schneiden u. unter die Sahne mischen.
Als Nachspeise oder zur Füllung von Törtchen und Windbeutel geeignet.

Alln's Gode kümmt von baben", sä de Paster, dor harr em'n Kreih op'n Kopp scheeten.

„Das tue ich für Euch alle", sä de Paster, dor sööp he den Wien alleen ut.

Eenmal predigt der Paster man. (bei einer Nachfrage)

Feiner Topfkuchen

250g Butter 200g Zucker 1 V-Zucker 4 Eier	schaumig rühren, dann alle weiteren Zutaten hinzufügen.

200g Mehl
2 Teel. Backpulver
3 Eßl. gemahl. Kaffee
100g Kakao
3 Eßl. Rum
100g gerieb. halbbitter Schokolade
150g gemahl. Haselnüsse

Den Teig in eine gefettete Topfkuchenform füllen und bei 180° 50-60 Min. backen.

Guß:

200g Puderzucker 1 Prise Zimt 1 Eßl. Rum etwas Wasser	Den Kuchen damit überziehen und noch ein paar Tage durchziehen lassen.

Förtchen

500 g Mehl
1 Prise Salz
5 Eier
abgerieb. Zitronenschale
1 Würfel Hefe } mit etwas Milch
1 Teel. Zucker } ausrühren
3/8 l warme Milch
125 g Rosinen

Hefeteig herstellen u. gehen lassen
In jede Vertiefung der Förtchenpfanne etwas Butter geben u. 1 Eßl. Teig darauf, Förtchen hellbraun backen.
Langsam abbacken, wenig Hitze.

Mit Zimtzucker bestreuen.

Gewürzkuchen mit Apfelmus

von Edda Fritsche

150 g Butter
200 g brauner Zucker
3 Eier
} schaumig rühren

300 g Mehl
etwas Salz
1 1/2 Teel. Natron
1 1/2 Teel. Zimt
3/4 Teel. gem. Nelken
3/4 Teel. Kardamom
} mischen

1 1/2 Tasse Apfelmus (300 g)
125 g Rosinen
50 g grobgem. Walnüsse
50 g Zitronat
50 g Orangeat
} hinzufügen

Den Teig auf eine gefettete Backplatte streichen und 175° 30 Min. backen.
200 g Puderzucker, etwas Rum verrühren u. den Plattenkuchen damit glasieren.

Granatsplitter

150g Mehl
1 gestr. Teel. Backpulver
etwas Rumaroma
2 Eßl. Milch
50g Butter
1 V-Zucker

Den Knetteig dünn ausrollen und Plätzchen ca 4cm Ø ausstechen. Die Reste vom Ausgerollten auch abbacken und dann zerkrümeln. Diese Krümel an 300g Nußnougat (Nutella) und 100g gehackte Mandeln geben. Die Creme kuppelartig auf die gebackenen Plätzchen streichen.
1 Schwartau-fix dunkel auflösen, die Oberfläche der Plätzchen hineintauchen.

Himbeertorte

4 ganze Eier
125 g Zucker
100 g Mehl, 1/2 Backpulverpaket
9 Eßl. Öl

} gut verrühren u. in der Tortenform

30 min. 175° backen.

Den Tortenboden füllen mit:

2 Becher Creme fraiche
100 g Zucker
Saft 1 Zitrone

} verrühren u.

2 Blatt aufgelöste Gelatine hinzufügen

2 Becher Schlagsahne
2 Sahnesteif

} unterheben u.

die Creme auf den Tortenboden streichen.
2 Dosen Himbeeren abtropfen lassen u.
auf dem Guß verteilen.
Den Saft mit 2 Tortenguß rot auf-
kochen u. über die Himbeeren gießen.
Die Torte kaltstellen.

Johannisbeerkuchen

5 Eigelb
150 g Zucker
Zitronenschale
1 Becher Yoghurt
100 g gemahl. Haselnüsse
1 Eßl. Grieß

Den Teig in einer gefetteten, panierten Tortenform 175° 35 Min. backen.
5 Eiweiß sehr steif schlagen,
250 g Puderzucker hinzufügen
65 g Grieß dazugeben u.
600 g Johannisbeeren.
Diese Masse auf den gebackenen Boden geben u. noch ca 25. Min. backen.

Johannisbeertorte

von Ruth Wolf

250 g Mehl
125 g Butter
125 g Zucker
1 V-Zucker
1 Eigelb
1 Eßl. Dosenmilch

Mürbeteig kneten, ruhenlassen, in eine Tortenform mit Backpapier drücken, Rand hochziehen u. füllen:

500 g Johannisbeeren
200 g gerieb. Mandeln

4 ganze Eier u. 1 Eiweiß
180 g Zucker
1 V.-Zucker

schaumig rühren, dann Johannisbeeren und Mandeln vorsichtig unterheben.

Backzeit: 10 Min. 200°
45 Min. 175°

Mit Puderzucker kurz vor dem Servieren bestäuben. Sahne dazu reichen.

Käsekuchen

200 g Butter
280 g Zucker } schaumig rühren

5 Eigelb
1 Zitronensaft
1 V-Zucker } hinzu fügen

1 kg Quark
125 g Grieß
1 Paket Backpulver } vermischen u. hinzu fügen

5 Eischnee leicht unterheben.

60 Min. 180° in der Bisquitform backen.

So'n Goos is'n leidigen Vogel, sä de Paster, för enen is dat to vel un för twee to wenig.

„Ei is Ei", sä de Paster, dor lang he na'n Goosei.

So lange de Orgel noch geiht, is de Kirch noch nich ut.

Knusprige Waffeln

200 g Margarine
150 g Zucker
4 Eier
350 g Mehl
1 Eßl. Rum
1 V-Zucker
1/2 Päckchen Backpulver
ca 150-200 ccm Wasser, keine Milch.

Im Waffeleisen abbacken und mit Staubzucker bestäuben.

„Nüchtern Kalf küss ik nich“, se de Deern ton Kerl an Bort.

Op jeden Pott paßt een Deckel.

Wo de Armod rinkrüppt, krüüpt de Leev rut.

Mandelrolle

4 ganze Eier
125 g Zucker
100 g Mehl
1/2 P. Backpulver
8 Eßl. Öl

Den Teig auf ein mit Backpapier ausgelegtes Blech streichen und ca 12 min. bei 175° backen.

Dann auf ein mit Zucker bestreutes Backpapier stürzen und auskühlen lassen. Für die Füllung eine Creme kochen:

1/2 l Milch oder Wasser
100 g Zucker
1 V-Zucker
1 V-Puddingpulver

die Milch aufkochen mit Zucker, dann das angerührte Puddingpulver hinzugeben, kaltstellen.

100 g gehackte Mandeln
4 Eßl. Rum

200 g Butter cremig rühren, dann löffelweise die Puddingcreme hinzugeben, zuletzt Mandeln u. Rum.

400 g Marzipanmasse ausrollen, etwas von der Füllung daraufstreichen, dann die gefüllte Bisquitrolle damit ummanteln.

Mürbeteig

für Törtchen und Tortenboden

150 g Mehl
100 g Butter
40 g Zucker
1 V-Zucker
Prise Salz
1 Eigelb

Den Knetteig 1 Std. kalt stellen, dann ausrollen u. backen 15 Min. 180°

Du kannst mi in Maanschien begegen, denn bruukst keen Licht. (Ablehnung)

Du büst de Best, wenn de annern nich to Huus sünd.

Sök dien Bruut in Stall un nich op'n Ball.

Dor is wat in Busch.

Gifft Gott Jungs, gifft he ok Büxen,
gifft he Deerns, gifft he ok Mützen (Brauthaube)

So geit dat in de Welt, de een mag de Mudder de anner de Dochter.

He weet gor nich dat dat twee Slaag Menschen gifft. (unerfahren)

Mürbeteig aus Vollkorn

250 g Vollkornmehl
150 g Butter
60 g Honig
1 Ei

Alles zusammen kneten und 1 Std. ruhen lassen.
In eine Backform drücken u. ca 15 min. 180° backen.

Wat kiekst mi an, wat lachst mi to,
denkst du, ik bün dien Bruut?
Och, nee, mien Jung, dat glöv man nich,
hesst mi veel toon schewe Snuut.

Nußtorte

500g geriebene Pellkartoffeln
5 Eier (5 Eischnee zuletzt unterheben)
350g Zucker
175g Grieß
150g geriebene Mandeln oder Nüsse
1/2 Fl. Bittermandelöl
2 V-Zucker
1 gestr. Teel. Backpulver
1 Pr. Salz
30 Min. 180° in der Bisquitform backen.
Mit Sahne füllen oder dazu reichen.

Dat erste Kind kümmt mitümmer'n beten to fröh, awer dat kümmt naher nich weller vör.

Wüllt wi uns Plünnen tosamensmieten. (Heiratsantrag)

Obsttortenboden, abgebacken.

200 ml Milch aufkochen
200 ml mit 100g Mehl verquirlen u.
in die kochende Milch geben, Kloß
abbacken bis sich eine Haut am Topf-
boden bildet.
150g Zucker unterrühren und etwas
abkühlen lassen, nach und nach
6 Eigelb unterrühren.
6 Eiweiß steifschlagen u. unterheben.
Den Teig in einer gefetteten Springform
(Rand nicht fetten) 40 Min. 180° backen,
oder auf Backpapier.
Die Torte fällt nach dem Backen zu-
sammen, nicht den Rand lösen.
Mit Sauerkirschen angedickt oder mit
Erdbeeren füllen, Sahne darüber
u. garnieren, 2 Becher Sahne.

überreicht von Elsbeth Heymann.

Obsttortenboden

3 ganze Eier
6 Eßl. Öl
6 Eßl. Zucker
6 Eßl. Mehl
1 gestr. Teel. Backpulver
In einer gefetteten Springform backen.
ca 25 Min. 180°
Geeignet für alle Obstarten, mit Sahne verzieren.

De de Dochter hemm will, mütt dat mit de Mudder holen.

Fleiten Deerns un tüffelschlarpen Jungs dögt nix.

As ik mien Fru heirat hefft, kun ik er vör Leef opfreten un nu deit mi dat leed, dat ik dat ni daan heff.

De wat vun sien Fru höllt, lett er to Huus.

Wir hebbt all en Hart, bloot man nie gliek groot.

Petersilientorte

nicht nur zur Petersilienhochzeit gedacht.
Für den Unterboden einen Hefeteig oder folgendes verwenden:

150g Mehl, 1 Eiweiß, 60g Butter, 1 Eßl. Wasser, etwas Salz, 1/2 Teel. Kümmel
180° 15 Min. backen in der Tortenform.

Füllung:

100g Butter, 400g Doppelrahmfrischkäse,
250g Quark, 100g Creme fraiche, 1 Eigelb,
Salz, viel Petersilie gehackt, Dill u. Schnittlauch,
1 gehackte Zwiebel, Pfeffer,
1 Päckchen gemahlene weiße Gelatine
4 Eßl. kaltes Wasser zum Quellen d. Gelatine.
4 Scheiben Pumpernickel zerbröseln
3 Tomaten.

1/3 der Käsemischung auf den Unterboden, dann 2 Scheiben zerbröselte Pumpernickel, dann wieder Käse und Tomatenscheiben, wieder Pumpernickel u. Käse darauf. Mit Mettwurstscheiben u. Petersilie verzieren.

Russische Quarktorte

250 g Mehl 125 g Butter 100 g Zucker 1 Eßl. Kakao 1 Ei 1 Backpulver	krümeligen Knetteig herstellen und mit der Hälfte des Teiges eine gefettete Springform belegen, Rand hochdrücken.

Mit folgender Quarkmasse füllen:

500 g Quark
125 g Butter
125 g Zucker
3 Eigelb
1/2 Pckg. Vanillepuddingpulver
1 V-Zucker
3 Eßl. Zitronensaft
3 Eischnee

Den Rest des Knetteiges darüber krümeln.
180° 60 Min. Backzeit.

Saure Sahne Ringe

250 g Mehl
175 g Butter
6 Eßl. saure Sahne

Den Knetteig einige Stunden ruhen lassen, dann ausrollen, nicht zu dünn, Ringe ausstechen (Weinprobierglas u. Fingerhut) mit Eigelb bestreichen, dann auf Hagelzucker legen und backen.
180° ca 15 Min. Backzeit.

To Bett, to Bett, de een Leefsten hett!
De gar keen hett, geiht ok to Bett!

Schillerlocken

Aus messerrückendick ausgerolltem Blätterteig werden mit dem Backrad oder Messer fingerbreite Streifen geschnitten, um Hölzer  gewickelt, mit Eigelb bestrichen und mit Hagelzucker bestreut, halbgar gebacken. Holz entfernt und goldgelb gebacken. Mit Vanillecreme oder Sahne gefüllt, in eine mit Zucker gefüllte Schüssel gesteckt und serviert.

Fullheit laat los oder ik doo Gewalt.
(wenn man sich im Bett noch lange besinnt)

Kaam ik hüt nich, kaam ik morgen, öwermorgen ganz bestimmt.

Du kümmst ok ümmer erst, wenn dat Swien witt is.
(wenn die Arbeit getan ist)

De meiste Arbeit is an de Er, se de lütte Kerl.

Spiegeleikuchen

200 g Butter
200 g Zucker
200 g Mehl
2 Eier
1/2 Backpulver
2 Eßl. Wasser

Den Rührteig auf eine gefettete Platte streichen und 15 Min. 170° backen.

Creme kochen von:
3/4 l Milch und
1 1/2 Pckg. Puddingpulver
Zucker nach Geschmack,
erkalten lassen und dann
3 Becher Schmand unterrühren.
Mit 2 Dosen Aprikosen belegen,
(6 Aprikosen quer, 7 Aprikosen längs)
nochmals 20 Min. 170° backen.
Den Aprikosensaft mit 2 Tortenguß klar nach dem Backen übergeißen.

Stachelbeertorte

100 g Butter
40 g Zucker
1 Eigelb
1 V-Zucker
Prise Salz
150 g Mehl

Mürbeteig kneten, ruhen lassen, dann in eine gefettete Springform legen und Klarsichtfolie darauflegen um einen gleichmäßigen Tortenboden mit Rand zu formen. Folie wieder entfernen, dann 200° 15 Min. backen.

Belag: 1 Becher Schmand auf den erkalteten Mürbeteigboden streichen. 1 Glas Stachelbeeren abtropfen lassen u. auf dem Schmand verteilen.

2 Pakete Tortenguß klar mit dem Saft vorbereiten u. über die Früchte gießen.

1 Becher Sahne mit 2-3 Eßl. Cefrisch-Orangengeschmack schlagen und auf die Früchte geben. Sahne zum Verzieren.

Törtchen

200 g Mehl
100 g gemahl. Haselnüsse
1 Ei
100 g Zucker
200 g Butter

Den Knetteig ausrollen und mit einem Glas Törtchen ausstechen.
und ca 10 Min. 200° backen.

He löppt ümmer achter in Draf un vör in Sprung. (hat es immer eilig)

He is vergrätz op den, de de Arbeit opbröcht hett. (einer der die Arbeit nicht erfunden hat)

Mancher en söcht Arbeit un dankt Gott, wenn he nix findt.

Hüt fix, morgen nix. (wie gewonnen so zerronnen)

Föftein maken. ($^{1}/_{4}$ Std. Frühstückspause)

De Flietigen reckt sik un de Fulen streckt sik.

Wenn't Abend ward, kriegt de Fulen dat hild. (am Abend wird der Faule fleißig)

Umgedrehte Pflaumentorte

500 g frische, entsteinte Pflaumen od. Backpflaum
in eine mit Backpapier ausgelegte
Springform verteilen. Rührteig darüber:
80 g Butter
160 g Zucker
2 Eier
1 V-Zucker
100 g Pudermehl
80 g Mehl
3 Teel. Backpulver
etwa 2-3 Eßl. Milch
60 - 70 Min. 180° backen, dann
den Kuchen stürzen und mit
Zimt und Zucker und Mandel-
blättchen bestreuen.
Sahne dazu reichen.

Weiße Pfeffernüsse

500 g Butter
350 g Zucker } schaumig rühren
1 Eigelb

750 g Mehl
2 Teel. Hirschhornsalz } mischen

Zitronenschale
gehackte Mandeln } hinzufügen
Kardamom

Den Teig ausrollen und Plätzchen ausstechen oder in Rollen formen und dünne Plätzchen abschneiden.
15 Min. 180°

Backe, backe Koken

Backe, backe Koken,
De Bäcker, de hett ropen.
Wer will schöne Koken backen,
De mutt hebben söben Saken:
Eier un Smolt,
Zucker un Solt,
Melk un Mehl,
Safran makt den Koken geel.
Schuf, schuf in Aben rin.

Yoghurt-Torte

100g Mehl
75g ganze, gemahl. Mandeln
100g Butter
50g Zucker
1 V-Zucker
1 Eigelb

Den Knetteig in eine gefettete Springform drücken u. 10 Min. 180° backen.

10 Bl. weiße Gelatine einweichen u. auflösen
450g Yoghurt
150g Zucker
Saft und Schale von 2 unbehand. Zitronen
2 V-Zucker

Die Creme kalt stellen und wenn sie leicht geliert 3 Becher geschlagene Sahne unterziehen, dann in die Springform füllen und einige Stunden kalt stellen.
200g rotes Johannisbeergelee erwärmen u. 10 Eßl. (100 ml) Rotwein u. 4 Bl. rote Gelatine aufgelöst, dazu geben u. über die erstarrte Yoghurtcreme gießen. Mit Sahne verzieren.
Das Gelee mit dem Kochlöffel verrühren, sonst Blasen in der Glasur.

Zitronensahne

3 Becher Schlagsahne
Saft von 3 Zitronen
Schale von 2 ungespritzten Zitronen
6 Blatt weiße Gelatine
150g Zucker mit Zitronensaft zum Kochen bringen, die Gelatine darin auflösen u. kaltstellen, dann die Sahne unterziehen.
Die Creme auf Törtchen spritzen und mit Ananasscheiben belegen.
Sahnetuff zum Garnieren.

Nix lehrt sik lichter as Fuulheit.

He weet dor keen Löpel bi to waschen. (kann mit der Sache nicht fertig werden)

Friech sien Kneep

As s'morgens op Möhlenhoff dat eerst Fahrwark ut't Door föhr, stünn Inspekter Klingsteen an'e Döör von'e Borgstuuv. Den een un annern von'e Daglöhners reep he noch wat to, wat he den Avend vörher vergeten harr. Un all de, de an em bilang müssen, reten de Mütz von'n Kopp un bölken: „Moin, Herr Inspekter!"

N'teemlich Flach achter de annern keem Friech Hansen andreitelt. He seet op den groten Vossen un harr den swarten Wallach an'n Biband. De Strängen harr he de beiden op'n Rüüch tosamenknütt. Man, he sülven seet so verdwars op't Peerd, as wenn he sik'n Bickars reden harr. Bi jeden annern harr de Inspekter dat ok glööv, blots bi Friech Hansen nich. ‚Wat hett de Keerl mi al argert', fluster he bi sik sülven. Un Friech versöcht jeden Dag den Inspekter wat op'n Stock to doon.

Hansen keek nich links un nich rechts un dee so, as wenn he den Inspekter garnich wies wörr. As he an em vörbi weer, reep Klingsteen: „Hansen, nochmal wedder trüüch!" Friech dreih sien Peerd üm un sukkel'n lütt'Flach wedder trüüch, möök'n groten Bagen un reed wedder an sien Inspekter vörbi. Friech harr sik düttmal noch'n Stück mehr na de anner Wand dreiht. He schööt ok nich tohoop, as de Inspekter wedder reep: „Hansen, nochmal wedder trüüch!" Un Friech möök'n Gesicht, as wenn he garnich wüß, wat dat to bedüden harr. As he nu to'n drütten Mal bi sien Inspekter vörbireed, reep de luuthals: „Moin, Hansen!" „Moin, Herr Inspekter", anter Friech. „Jaa", reep Klingsteen, „so höört sik dat!" „Jawoll", bölk Friech, „dat will'k wull menen!" He leet opdraven un reed achter de annern ran. „Nu sittst du Aas so pick op't Peerd, as wenn du'n Schüffelstööl versluckt hest", reep de Inspekter achter em ran. Aver Friech höör dat nich mehr, keek sik ok nich eenmal üm, nee, he grien in sik rin un rut un dat noch, als he baven op'n Aukamp sien beiden Peer vör'n Ploog spann.

Hein Schröder

De Kinddööps-Wien

Detelt Kruus harr Melk-föhrt den Morgen un weer froh, dat he de letzten Hüser von'e Kreisstadt tofaten harr. Markdag weer, un een Gegrimmel in'e Straten, kunnst meist rammdösig von warrn. Keen Wunner, dat sien Wallach de Schuum mang de Achterbeen stünn. Aver liekers draav he op. Dat hebbt de Peer so an sik, wenn't na Huus geiht.

Mit'nmal schööt Detelt wat dörch. He tucks den Brunen in't Muul un reep luut: „Prrrr!" „Wees nich böös, Remus", sää he to sien Wallach, „wie hebbt wat vergeten. Un wenn't Pannkoken regen schull, wi mööt nochmal wedder trüüch!" Denn wat Olga, sien Fruu weer, de harr to em seggt: „Detelt", harr se seggt. „Wie hebbt in veertein Daag Kinddööp un dar bruukt wi'n schöön' Dischwien. So üm un bi dörtig Buddels, wi wüllt uns amenn nich lumpen laten. Nu vergeet dat ok nich!" harr se em noch naropen.

Sodennig vergattert, stünn Detelt'n Stoot later bi Alois Plünn in'n Laden. Plünn, sään se alltohoop to em un dat keem so: Vör twintig Jahr weer he von'n Rhein in de lütt' Stadt kamen un harr in'e Hauptstraat'n Wienhandlung opmaakt. Blots mit'e Jahren wörr he wies, dat he dar nich alleen von leven kunn, weil Kööm un Beer sien gröttsten Konkurrenten weren. So harr he sik denn mit männischeen Krimskraam dörchslahn müß.

„Alois", sää Detelt, „Wien schall'k bestellen to uns Kinddööp in veertein Daag. Wie hebbt an dörtig Buddels dacht, de schüllt woll recken!" „Jaa, Detelt-Buur, hett dien Olga denn ok seggt, ob se Rhein- oder Moselwien hebben will?" „Nee", sää Detelt, „laat uns man Rheinwien kregen. Aver ik fraag Olga nochmal un denn kann ik ja forts dörchklötern!" Un so bleev dat ok. Blots, as he na Huus keem un dat mit Olga besnack, wull se dar nix von weten. „Nee", sää se, „as wi körtens bi Heine-Buur inladt weren, geev dat ok Rheinwien. Lat uns man mal Mosel-Wien nehmen; is mal wat anners!"

Detelt trock mit de Schullern un haal deep Luft. Sett sik optletzt inden groten Lehnstohl un trock dat Telefon na sik ran. As Alois sik mell, sää Detelt: „Weest Alois, Olga meent, wi schullen man Mosel-Wien nehmen!" „Dat kreegt wi all trecht", anter Alois op den annern Enn. „Dar sett di man nix von to Kopp Detelt, wi hebbt de Etiketten noch nich op!"

Hein Schröder

Bockwuss un Salat

Ik weet nich, wat dat is mit mi,
ik denk bi Dag un Nach an di.

Un wenn ik an di denken doh,
denn is dat ut mit all min Roh.

Wat schall dat blots noch warrn mit mi?
Sogor in'n Droom al seh ik di.

Wenn du so smuck dor liggen deihst,
du mi ja rein den Koppp verdreihst.

Wat hest du 'n Form, wat büst du slank,
wat büst du doch so schön un blank.

Dü büst so schier un büst so drall,
wat is din Hut so brun und prall.

Ik höög mi al so lang op di,
wann kümmst du endli mal to mi?

Och, harr ik die doch man erst faat,
du min lütt... Bockwuss mit Salat!

Hans Hansen Palmus

Een lütt' Swolk

Dat weer'n schönen Sommerdag. De Buur harr sik Specksupp to Meddag bestellt, arig mit Arfen, Klümp un Plummen. Frieda, sien Fruu, wull dar eerst garnix von weten: ‚Is dat nich'n beten warm vandaag, un denn de hitt' Supp, Vader?' harr se fraagt. ‚Ach wat Moder', sää de Buur: ‚Hitts mutt Hitt verdrieven!' Wat bleev Frieda anners över, de Supp müß her.

Nu seten se all an'n Disch. De groot Kumm merrnmang un een na'n annern halen se ehren Lepel vull darut. Leeg an weer de lütt' Koohharr. He müß an'n Disch stahn un weer wahrhaftig to beduurn. Avers dat dünn keeneen. Platz för em weer meisttiets blots an een Eck. Liekers fröög he dar nich veel na. Angst harr he amenn blots üm't Sattwarn. He müß'n beten rascher eten as all de annern. Denn wegen dat Schülpern kunn he den Lepel nich so vull nehmen un denn weer dar noch wat: Wenn de Buur sien Lepel henlegg, müssen se allthopen satt wesen.

Obschoonst de Buurfruu dat Finster sparrwiet open harr, leep ehr all de Sweet von Nees un Ohren. Keeneen sää wat, sünst harr de Buur amenn seggt: ‚Dat sünd de besten Peer, de an de Krüff sweet un bi de Arbeid freert!'

Aver, as dat Unglück so will. Mit'nmal weer'n Swolk in'e Kööк un nei üm de Lamp rüm. Een lütten Stoot seet se op't Kökenschapp un verpuust sik. Man, dar heel se dat nich lang' ut. N'paarmal huul se noch üm de Lamp rüm un ‚pluitt' sää dat, dar harr se wat fallen laten un dat merrn in'e Kumm mit Specksupp. Musenstill weer't in'e Köök. Man, de Buur harr sik gau begrabbelt. ‚Nu warrt rieten', reep he, un smeet den Lepel op'n Disch. Frieda weer krietenwitt. De annern helen de Köpp vördaal. Blots de lütt' Kooharr stünn dar as'n begaten Pudel. Sien Ogen güngen von'n een to'n annern un optletzt mit de Swolk ut't Finster. ‚O-hau-o-hau-o-ha', reep he. ‚Dat harr ik mal maken schullt!'

Hein Schröder

Gemüse

Fordere viel von Dir selber und erwarte weniger von anderen.
So wird Dir viel Ärger erspart bleiben.

Champignons

Pilze waschen und säubern, event. den Stiel herausdrehen, mit Zitronensaft beträufeln und in heißer Butter garen. ca 10 Min. dampfen, etwas süße Sahne und Fondor dazu geben. Cayennepfeffer. Mit Toastbrot servieren Petersilie dazu. Schuß Weißwein verfeinert den Geschmack.

Wat een kann, is för twee nich to veel.

Leewe Gott, lat Abend warn, Morgen ward von sülm. (Feierabend)

Arfgoot bringt keen Quesen in de Hän.

He hett sien besten Knaken in't Muul. (Großmaul)

Farmersalat

1 Glas Wurzelsalat
1 Glas Selleriesalat } ohne Flüssigkeit
1/2 Zitronensaft
1 Zwiebel fein gehackt
Salz, Pfeffer, Zucker, Dill
1 Becher saure Sahne } mischen u. schaumig schlagen, dann den abgetropften Salat unterheben.

Du kannst di dreihn un wendn, de Mors blifft ümmer achter.

Do wat du wullt, de Lüüd snackt doch.

Wenn't noch lang duurt, tööft wi noch'n beten.

Dat is nich allns Melk wat von de Koh kümmt, dor per ik in Kohschiet.

Beter di, denn wardt beter mit di.

Kanadasalat.

1 Kopf Eisbergsalat
2 Bananen
1 kleine Dose Ananas
1 Dose Mandarinen
1 Dose Thunfisch oder
4 gekochte Eier oder
4 Tomaten

Dressing:
1 Glas Mayonnaise
1 Becher saure Sahne
Salz, Pfeffer, Zucker
2 Eßl. Ketchup
etwas Zitronensaft
1 feingehackte Zwiebel
etwas Sahne od. Dosenmilch
Dill
Knackiges Brot dazu reichen.

Zucchinisalat

von Dorit Frank

1 Zucchini würfeln

2 Eßl. Öl
2 Eßl. Wasser
Salz u. Pfeffer
} Marinade für Zucchini

4 Tomaten in Achtel schneiden

100g Gouda Käse in □

4 saure Gurken in □

Oliven in Scheiben

Saft 1 Zitrone

alles mischen und mit
2 hartgekochten Eiern in Viertel den
Salat garnieren.

Engel op de Straat, Düwel in de Kaat.

Avocado-Salat

2 reife Avocado halbieren, mit einem Löffel aushöhlen u. das Mark in □ schneiden.
10 frische Champignon in Scheiben schneiden.
1 Dose Ananasstücke ohne Flüssigkeit

1 Becher saure Sahne
etwas Mayonnaise
" Sherry
Salz, Pfeffer u. Curry

} Salatsoße

Die Salatsoße über das Gemüse geben, mit Petersilie garnieren.
Der Salat kann auch als Vorspeise serviert werden.

Kannst Katenschied in Düstern rücken. (wenn einer sehr schlau sein will)

Dat schaad mien Mudder gor nix dat mi de Feut frert, worüm lett se mi bard lopen.

Dat schaad mien Mudder gor nix, dat mi de Hen frert, worüm strikt se mi keen Handschen.

Wat man nich in Kopp hett, mütt man in de Been hebbn. (vergeßlich)

He bekiekt sik'n beten vun binnen. (er schläft)

Beter in de wiede Welt as in'n engen Buuk. (wenn ein Pups entweicht)

He is ut luter Schiet un Dreck tosamensett. (hat nichts als Unsinn im Sinn)

Geld alleen maakt nich glücklich, beruhigt awer.

Geld regeert de Welt un Knüppel de Hund.

De dat glöft ward selig un de dat nich glöft, kümmt ok in Himmel.

Wer will sin fien, de mütt lieden Pien.

He gönnt em nich dat Swatte ünner de Fingernägeln. (geizig)

Wat Mood is, is hübsch, kiekt dat ok ut de Büx.

De nix verspricht, bruuckt nix to holn.

Dat hett Tied, sä de Jung, dor schull he'n Jackfull hemm.

Kiek mal weller in, awer nich dörch Fenster, kum eenfach rin.

Lütt Pött kaakt licht öwer. (kleine Menschen brausen leicht auf)

Markst Müs, schaff di Katten an.

Bin Dokter

Mal kümmt en Patient un fröggt den Dokter, de em unersöcht: „Herr Doktor, sagen Sie mir offen, kann ich auf langes Leben hoffen!"

„Ja", fröggt em Doktor Ungemach, „wat roken Sei denn so an'n Dag?"
„Ich rauche nicht." – „Dat is sehr richtig.
Denn drinken Sei dorför woll düchtig?"
„Ich rühre Bier und Schnaps nicht an."
„Gahn Sei denn dull an Frunslüd ran?"
„Mit Weibern laß ich mich nicht ein."
„Herr! So wat heff ik noch nich seihn.
So'n Kirl, dacht ik, künn't gor nicht gäben.
Wat will'n Sei denn mit'n langes Leben?"

Wo geiht dat lang?

Zwei Rentner sitzen auf einer Bank. Kommt ein Gentleman vorbei und will nach dem Weg fragen.

– Do you speak english?
– Parlez vous français?
– Hable se espanol?
– Tui gowarisch pa russki?

Keiner der beiden versteht etwas. Sagt der eine: „Donnerwetter, der konnte aber viele Fremdsprachen."

Der andere: „Und hat es ihm was genützt?"

Süßspeisen

Ein Zungenbrecher:

De dicke Deern dröög de dünne Deern dörch den dicken Dreck, dor dank de dünne Deern de dicke Deern, dat de dicke Deern de dünne Deern dörch den dicken Dreck drägen dää.

Mandarinencreme

3 Eigelb }
100 g Zucker } schaumig rühren
1/2 l Milch aufkochen
6 Bl. weiße Gelatine, eingeweicht, hinzufügen
2 cl Orangenlikör "
Wenn die Creme fest wird (Straßen zieht)
1 Becher geschlagene Sahne unterheben.
1 Dose Mandarinen abtropfen lassen,
mit Orangenlikör beträufeln und
in die Schälchen verteilen, dann mit
der Creme überziehen u. mit einem
Sahnetupfer verzieren.

Gib' dem Leben was des Lebens ist,
auch seinen Anteil an Leid.

Marmorcreme

für ca 8 Personen

1/2 l Milch
1 Stg. Vanille } aufkochen
8 Blatt eingeweichte Gelatine hinzu tun
8 Eigelb
100 g Zucker } schaumig rühren u.
die Milch dazugeben, halbieren u.
1. Creme
200 g Schokolade edelbitter u.
8 cl. Rum dazu fügen
2. Creme
200 g weiße Schokolade
8 cl Himbeergeist
8 Eiweiß schlagen u. halbieren
2 Becher Sahne schlagen u. halbieren
Eischnee u. Sahne an die 1. u. 2. Creme geben, wenn sie dicklich werden. Beide Cremes in eine Schüssel geben und mit der Gabel durchziehen.

Mohncreme

2 Eßl. Rosinen in 2 Eßl. Rum tränken,
80 g Grieß
150 g gemahl. Mohn } in
1/4 l Milch aufkochen und garen lassen.
Honig zum Süßen
Zitronensaft zum Abschmecken
1/2 Teel. Zimt, die Rosinen und
1/4 l geschlagene Sahne an die erkaltete
Mohncreme geben.

Wo de Luft fehlt, geiht dat Füer ut.

Kaffee un Leef sünd hitt am besten.

Orangencreme

auch als Tortenfüllung geeignet.

7 Blatt Gelatine einweichen

1/4 l heißes Wasser, Gelatine darin auflösen, nicht kochen

4 Eigelb }
150g Zucker } schaumig rühren, dann den Saft von

2 Apfelsinen und

1 Schnapsglas Orangenlikör und

etwas Weißwein hinzufügen.

Kaltstellen, zuletzt

4 Eischnee }
1 Becher Schlagsahne } unterziehen.

Statt Apfelsinensaft ist auch Zitronensaft möglich.

Rumkugeln

500g Gebäckreste wie Nußbrot, Löffelbisquit u.s.w.
150g Kokosfett erwärmen, dann
150g Zartbitterschokolade hinzufügen.
Saft 1 Apfelsine } hiermit die Gebäck-
4 Eßl. Rum } reste beträufeln.
Alles miteinander vermengen, event. mit dem Mixstab fein pürieren und gut 1 Std. durchziehen lassen.
Kugeln formen und in Schokostreusel oder Kakao mit Zucker vermischt wälzen.
Kalt stellen und vernaschen. Lecker.

Bliev op de Eer, denn fallst nich vun Böhn. (bleib vernünftig)

Wüllt mal sehn, sä de Blinne, op de Lahme ok danzen kann.

Dat kann'n blinn Fru mit'n Krückstock föhlen. (leicht begreifen)

Rote und weiße Weinäpfel

In Zuckerwasser geschmorte kleine Äpfel werden in Gläser gelegt und mit rotem oder weißem Weingelee umhüllt. Man stürzt die Gläser und reiht sie abwechselnd angeordnet auf eine flache Schale. Jede Obstart ist geeignet. Schlagsahne dazu reichen

Weingelee

1/2 l Wein
1/2 l Apfelsaft
1 Zitronensaft
Rum nach Geschmack
150 g Zucker

alles erhitzen, dann halbieren und je 6 Blatt weiße u. 6 Blatt rote Gelatine (vorher einweichen) an die heiße Flüssigkeit geben.

Stachelbeercreme

500 g Stachelbeeren in 1/2 l Wasser garen,
dann pürieren,
150 g Zucker hinzufügen
1 P. Vanillepuddingpulver angerührt mit
1 Eigelb und etwas Wasser dazu geben und
aufkochen.
1 Eischnee schlagen u. unterheben.
Mit Sahne und Stachelbeeren verzieren.

Eeten un Drinken hölt Lief un Seel tosamen.

Dat is'n Leben as een braden Aal in de Pann.

Et langsam, du weest nich, wat du laten kannst.

Se hett wat in de Melk to krömen. (Mitgift)

Der Möbelhändler

Um alte Möbel zu verkaufen
fuhr Schmidt, der Alte, nach Paris,
wo sich die Preise hoch belaufen,
und wo sich gut verkaufen ließ.

In dem bekannten Seinestädtchen
befreundete am ersten Tag
er sich mit einem schönen Mädchen,
obwohl er schlecht französisch sprach.

Sie malte eine Zigarette
auf ein Hotelempfangspapier,
und weil sie gerne eine hätte,
kurz und gut, er gab sie ihr.

Dann malte auf dem gleichen Blatte
sie eine Flasche Pommery,
und als er das gesehen hatte,
bestellte er sofort auch die.

Nun zeichnete sie Eßbestecke.
Ah, oui, sie speisten nett
am letzten Tisch in einer Ecke;
dann malte sie ein breites Bett.

Nun geht Herrn Schmidt bei jedem Bissen
die große Frage durch den Sinn:
wie konnte denn das Mädchen wissen,
daß ich ein Möbelhändler bin?

Die schöne gute alte Zeit!

Man hört oft von ergrauten Greisen,
die gern die alten Zeiten preisen.
Doch wer von uns wär' gern bereit,
zu tauschen mit *der schönen, guten, alten Zeit*?

Was hatten früher denn die Leute?
Dies woll'n wir mal betrachten heute:
Keine leichte, sondern Schwerstarbeit,
die gab es in *der schönen, guten, alten Zeit.*

Die Schuhe waren schwer im Tragen,
mit Eisen und Nägeln beschlagen.
Zur Arbeit ging man stundenweit
oft in *der schönen, guten, alten Zeit.*

Es fuhr ja noch kein Omnibus.
Da gingen alle noch zu Fuß.
Von Heiligenhafen bis nach Oldenburg, so weit,
in *der schönen, guten, alten Zeit.*

Es gab auch keine Urlaubstage.
Das kam ja damals noch nicht in Frage.
„Beten und Arbeiten“ hieß das Geleit
in der schönen, guten, alten Zeit.

Es gab auch kein elektrisches Licht,
gab Radio und Fernsehen nicht.
Man schlief auch noch im Bett zu zweit
in *der schönen, guten, alten Zeit.*

Im Bett lag man auf Haferstroh.
Ein Lieblingsort auch für den Floh!
Der nutzte die Gelegenheit
in *der schönen, guten, alten Zeit.*

Die Zähne zogen die Barbiere.
Da brüllten die Menschen oft wie Stiere.
Eine Spritze, die vom Schmerz befreit
gab es noch nicht in *der schönen, guten, alten Zeit.*

Und waren schon viele Zähne raus,
sah der Mund wie eine Tropfsteinhöhle aus.
Kein Zahnarzt stand da bereit
in *der schönen, guten, alten Zeit.*

In der Wohnung war selten ein Klosett.
Da stand der „Pott“ noch unterm Bett.
Er stand hier immer griffbereit
in *der schönen, guten, alten Zeit.*

Ein Kleid trug bis zum vierten Jahr
(ob's Junge oder Mädchen war)
man aus Gründen der Notbedürftigkeit
in *der schönen, guten, alten Zeit.*

Ein Faß voll Sauerkraut, ein Faß voll Schnippelbohnen,
das tat sich früher immer lohnen.
Es war bestimmt eine Köstlichkeit
in *der schönen, guten, alten Zeit.*

Durch ausgenutztes Liebesleben
tat es auch viele Kinder geben.
Ein Dutzend war eine Kleinigkeit
in *der schönen, guten, alten Zeit.*

Die Rente war sehr karg bemessen.
Sie reichte spärlich, kaum für's Essen.
Was war das doch für eine Ärmlichkeit
in *der schönen, guten, alten Zeit.*

Doch eines muß man eingestehen:
Man konnte noch über die Straßen gehen
in Ruhe und Beschaulichkeit.
Das war das Schöne in *der guten, alten Zeit.*

Die Last der Hast

Wie hinter fortgewehten Hüten,
so jagen wir Terminen nach!
Vor lauter Hast und Arbeitswüten
liegt unser Innenleben brach!
Wir tragen Stoppuhren in den Taschen
und gurgeln abends mit Kaffee.
Wir hetzen von Geschäft zu Festen
und denken nur im Exposé.
Wir rechnen in der Arbeitspause
und rauchen 20 pro Termin;
und kommen meistens nur nach Hause
um frische Wäsche anzuziehn.
Wir können nicht mehr gehn, wir traben,
und sitzen kaum beim Essen still.
Wir merken, daß wir Herzen haben,
erst, wenn die Pumpe nicht mehr will.

Die königliche Ausfahrt

linkes Vorderrad	2 Pferde Kutscher	rechts Vorderrad
König		Königin
linkes Hinterrad		rechtes Hinterrad

Königspaar = König und Königin

Karosse = alle 4 Räder

Neun humorvolle Gäste werden ausgewählt und mit ihren Stühlen nach Aufzeichnung in Stellung gebracht und benannt und informiert.

Sobald sein „Name" erwähnt wird, muß der- oder diejenige sich vom Stuhl erheben, um den Stuhl herumlaufen und sich wieder setzen bis zum nächsten Aufruf. Lustige Sache! Hier nun der Text.

Es waren einmal ein *König* und seine *Königin.* Dieses *Königspaar* wollte eines Tages mit seiner *Karosse* einen Ausflug machen. Der *König* sagte zu seiner *Königin*: „Liebe *Königin*, laß mir den *Kutscher* holen." Der *Kutscher* kam zum *König* und zur *Königin* und der *König* sagte zum *Kutscher*: „*Kutscher*, he *Kutscher*, hol die *Pferde* und die königliche *Karosse* aus der Garage, damit du die beiden *Pferde* vor die *Karosse* spannen kannst, denn die *Königin* und ich wollen einen Ausflug machen."

Daraufhin ging der *Kutscher* in den Stall und holte die beiden *Pferde* heraus und spannte sie vor die *Karosse*. Danach bestiegen der *König* und seine *Königin* die *Karosse*. Die *Königin* sagte zum *König*: „Lieber *König*, frag den *Kutscher*, ob die *Pferde* auch genug Hafer bekommen haben."

Da rief der *König* dem *Kutscher* zu: „*Kutscher*, he *Kutscher*, sind die *Pferde* auch satt?"

Der *Kutscher* sagte: „Jawohl, mein *König*." Der *Kutscher* setzte sich auf seinen Bock und gab den Pferden die Peitsche und die *Karosse* setzte sich in Bewegung.

Nach kurzer Zeit sagte die *Königin* zu ihrem *König*: „Mein *König*, mein liebster *König*, mein bester *König*. Ich glaube, das *linke Vorderrad* eiert!"

Der *König* sagte zum *Kutscher*: „*Kutscher*, he *Kutscher*! Halt die *Pferde* an und schau mal nach dem *linken Vorderrad* und dem *rechten Vorderrad*, dem *linken Hinterrad* und dem *rechten Hinterrad*. Am besten nach der ganzen *Karosse*."

Der *Kutscher* schaute nach dem *linken Vorderrad*, dem *linken Hinterrad*, dem *rechten Vorderrad* und dem *rechten Hinterrad* und nach der ganzen *Karosse*. Während er die *Karosse* überprüfte, gab er zuerst dem *rechten Pferd* und dann dem *linken Pferd* zu saufen (Glas Wein anbieten) und dann sagte er zum *König*: „Lieber *König*, an der *Karosse* ist alles in Ordnung. Wir können die Fahrt fortsetzen." Der *Kutscher* stieg auf seinen Bock, gab den *Pferden* die Peitsche und nach einer Weile sagte die *Königin* zu ihrem *König*: „Lieber *König*, mein *König*, mir ist kalt. Laß uns nach Hause fahren." Daraufhin sagte der *König*: „*Kutscher*, he *Kutscher!* Laß uns umkehren." Im Schloß angekommen, stiegen der *König* und die *Königin* aus ihrer *Karosse* und gingen in ihre Gemächer. Der *Kutscher* spannte die *Pferde* aus, schob die *Karosse* in die Garage und sah noch einmal nach allen vier *Rädern*, dem *rechten Vorderrad*, dem *linken Vorderrad*, dem *rechten Hinterrad* und dem *linken Hinterrad* und nach der ganzen *Karosse*. Der *Kutscher* ging zum *König* und zur *Königin* und wünschte ihnen eine gute Nacht und wenn sie nicht gestorben sind, dann laufen sie noch heute um ihre Stühle herum. Danke!

Nach der langen Kutschfahrt haben alle eine Erfrischung nötig. Die vier Räder müssen geölt werden, die Pferde sind sehr durstig, ebenfalls das Königspaar und der Kutscher. Prost.

Die 10 Gasthausgebote

1. Du sollst allein dem Wirt glauben.
2. Du sollst den Namen Deines Wirtes loben und preisen überall.
3. Du sollst den Sonn- und Feiertag heiligen und die Wirtschaft tüchtig besuchen.
4. Du sollst Deinen Wirt ehren und schätzen und nicht ärgern, auf daß er lange lebe.
5. Du sollst im Gasthaus weder Übles reden noch tun, sondern immer fröhlich sein.
6. Du sollst wenn Du einen Rausch hast, nicht lärmen und ihn mit Stolz nach Hause tragen.
7. Du sollst Deine Zeche richtig angeben und Deinem Nachbarn das Bier nicht austrinken.
8. Du sollst nicht begehren Deines Wirtes Weib, Köchin oder Bedienung.
9. Du sollst nicht begehren Speis' und Trank, wenn Du nicht bezahlen kannst.
10. Du sollst Deine Gebote halten, damit Du nicht in die Hölle kommst und dort verdurstet.

Brotrezepte

Hier hesst 'n Daler

Ik geff di'n Daler in de Hand,
denn kannst di köpen Land un Sand,
Huus un Hoff, Kalv un Koh
un so'n lütte Tippe-Tippehehn.

Brötchen von Doris Weiland

300g Mehl Typ 405 oder 550
700g Weizen oder Roggen fein gemahlen
2 Teel. Salz
2 Stck. Hefe
ca. 600-700 ml Wasser

alles zusammen mit der Küchenmaschine 5 Min. kneten, 1/2 Std. gehen lassen, dann (zur Verfeinerung oder Geschmacksänderung können Sonnenblumenkerne, Sesam, Leinsamen oder Mohn mit eingeknetet werden, obenauf fällt es nach dem Backen immer ab.)

dann nochmal kneten, 30 Brötchen formen und auf 3 Backbleche verteilen, ca 20 Min. gehen lassen, im vorgeheizten Backofen 190° 20 Min. backen. Lecker.

Krumbrot

von Caren Rahlff

1 kg Weizenvollkornmehl grob geschrotet.

3/4 l Wasser
30 g Hefe
2 Teel. Salz

zusammenrühren und den dickflüssigen Teig in eine Kastenform füllen.

1/2 Std. bei 50° gehen lassen, dann 1 Std. 170° backen.

Lütt Brod maakt fett, awer bloot den Bäcker. (Brötchen sind sehr teuer)

Dat geiht weg as warme Semmeln. (guter Absatz)

Solt un Brod maakt de Backen rood.

Halfduun is wegsmeten Geld.

Quarkbrötchen

150g Quark
6 Eßl. Milch
6 Eßl. Öl
75g Zucker
1 V-Zucker
etwas Salz

} verrühren, dann

v. Doris Weiland

150g Mehl Typ 405
1 Backpulver
} vermischt dazu geben, und zum Schluß noch 150g Mehl darunterkneten.

Es sole ein mittelfester, aber gut knetbarer Teig sein, der nicht an den Händen klebt.

20 Min. 160° Umluft

ca. 20 Stck.

bei salzigen Brötchen Zucker u. V.-Zucker weglassen, dafür 1 Teel. Salz und Gewürze.

Der Teig ist auch für die Hackfleisch-rolle geeignet und mit Zucker auch als Unterboden für Obstkuchen und Bienenstich geeignet.

Roggenbrötchen

250g Weizenmehl
250g Roggenmehl
1 Teel. Salz
1 Teel. Zucker
1 Stck. Hefe
knapp 1/4 l Milch

Den Hefeteig kann man nach Geschmack verändern mit Sesam, Sonnenblumen-kerne, Röstzwiebeln und Speck u. mit ganzen Körnern unter den Teig kneten.
20 min. 200° backen.

Dat Oog will ok wat hemm, sä de Blinne, dor nehm he sik 'n smucke Fru.

Dat Gör liggt in de Puuch un bölkt. (Das Kind liegt in der Wiege und weint)

Vadder, wi könnt leben wie Bröder, wenn du bloot's dat Slaan naleetst.

Klei di an'n Mors, denn kriggst keen Schramm an Buuk.

Roggenbrot v. Doris Weiland

300 g grobes Roggenschrot
300 ml warmes Wasser
1 gehäuft. Eßl. Sauerteig
} am Abend anrühren u. an einem warmen Ort im Kochtopf mit Deckel gehen lassen.

600 g Roggenmehl
2 Teel. Salz
1/2 Würfel Hefe (20 g)
ca. 300 ml Wasser
} alles zusammen kneten und 1/2 Std. ruhen lassen, dann gut kneten und Brote formen, in eine gefettete Kastenform legen, 20 min. gehen lassen bei Zimmertemperatur, dann bei 70 Min. 190° backen.

Wer sik nich na de Dek streckt, kriggt kole Föt.

So lang dat Doodbliewen Mood is, is en dat Leben nich seker.

Dich bilang is ok vörbi.

Schinkenbrot

500g Weizenmehl
40g Hefe
1 Teel. Salz
1 Teel. Zucker
2 Teel. Basilikum nach Geschmack
1/8 l warme Milch
200g Schinken in □
40g Margarine
1 Ei

Hefeteig bereiten, gehen lassen, dann die Schinkenwürfel unterkneten, gehen lassen u. dann ein Brot formen und in einer gefette-ten Kastenform backen.
40 Min. 225°
Schmeckt gut zu gegrilltem Fleisch, zum Grillabend.

von Sabine Cordbarlag

Zwiebelbrot

500 g Mehl
1½ Pk. Trockenhefe
Salz
Zucker } je 1 Teel.
1/8 l warmes Wasser

} Hefeteig herstellen und gehen lassen, dann Käse und Zwiebeln unterkneten.

300 g Gouda in □ oder geraspelt
etwas Reibkäse
event. 1 Teel. Kümmel
300 g gehackte Zwiebeln in Butter dünsten, dann an den Hefeteig.
Das Brot in einer Kastenform abbacken
15 Min. 250°
30 Min. 100°
Super zum Grillabend.

Du schasst mit wenn wi narms hen wöllt.

Gun Nacht, slapp good un verget dat Opstahn nich.

Se is allerwegens kettelig, blots nich an ehrn'n Geldbüdel. (sie hält ihr Geld fest)

„Bananen-Paul“

In längst vergangenen Zeiten – noch vor dem ersten Krieg,
stand mal ‘ne Pferdedroschke nachts auf dem Jungernstieg.
Der Kutscher war so’n Kleiner, genannt „Bananen-Paul“,
der stand, andächtig flötend, ganz vorn bei seinem Gaul.

Er flötet nicht „Bajazzo“ und auch nicht „Oberon“,
sein Flöten war nichts Anderes, als eben – monoton.
Da nähert sich lustwandelnd der Herr Geheimrat Boll – – –
er macht sich so Gedanken, was das Geflöt’ wohl soll.

Schließlich fragt er den Kutscher und der hat ihm erklärt:
„Mein Herr,se möten weeten, dat is een oles Peerd,
un mit dat Woter loten – dor will dat nich mehr so,
dor help ik mit mien Fleiten denn immer beeten no...!

„Ja, gibts denn sowas wirklich?“ fragt der Geheimrat Boll –
da sieht er schon die Wirkung – „Das ist ja wundervoll!“
„Hör’n Sie mal zu, mein Lieber, ich bin ein alter Mann,
mir geht’s wie diesem Zossen, ich sitzt da auch mit dran.

Ich hab ja nun gesehen die Wirkung bei dem Tier,
versuchen wir dasselbe doch auch gleich mal bei mir.“
„Hier haben Sie erstmal Trinkgeld, damit wir uns verstehn,
ich werde jetzt da drüben ins kleine Häuschen gehn.

Sie müssen draußen flöten, so wie bei Ihrem Pferd,
mal sehen, ob das beim Menschen genau so wirken wird.“
Bananen-Paul der flötet vorm Pinkellarium,
er flötet 10 Minuten, da wird es ihm zu dumm.

Er stellt sich vor den Eingang und brüllt ganz ärgerlich:
„Nu mutt dat wohl genog sien, helpt dat noch immer nich?“ – – –
„Nein, nein, Sie müssen aufhör’n“, schreit der Geheimrat Boll,
„die Melodie, die stimmt nicht, ich hab die Hosen voll!“

Arfensupp bi Karstadt

Dingsdag ist, een Dag in Sommer,
Oma sitt in ehre Komer.
Doch dat Alleenween hett se satt,
se will nu mit de Bohn to Stadt.

Se jumpt ok los, no Hamborg hin,
de Utverkoop stickt ehr in Sinn.
Vör den Bedriev ist se nich bang,
se söcht un wöhlt dor stünnenlang.

Bi Karstadt will se denn wat eeten,
ehr knurrt de Mogen all so'n beten.
Se drängelt sick no'n Tresen hin,
köfft Arfensupp mit Bockwurst in.

Mit ehr Supp recht hitt un frisch,
sett Oma sick an nächsten Disch.
Mit Bockwuss is dat nun ja so:
dor hört ok Mostrich noch dor to!

Am Tresen steiht de Mostrichputt,
Oma holt sich gau nen Dutt,
un as se trüchkümmt, gor nich lang,
is eener bi ehr Supp togang.

Een Farbigen, wer weet woher,
löppelt Omas Teller leer.
Ganz genüßlich un in Roh,
un Oma kiekt em sinnig to.

Denn se meent as Daam vun Welt,
de arme Kerl hett wiß keen Geld.
Un großen Hunger all siet Dogen
man – ok ehr knurrt bös de Mogen.

Se geiht an Disch noch neeger ran,
un pliert den Teller ümmer an.
Un schwupp – di – wupp mit flinke Hand,
treckt se de Bockwuss sick an Land.

Den Mostrich hett se ganz vergeten,
blots een, twee, dree de Wuss opeeten.
Denn schult se röber no denn Mann
un lacht em nett un fründlich an.

Ok he lacht Oma fründlich to
un löpelt wieder ganz in Roh.
Und as de Teller blitzblank leer,
holt he von Tresen twee Glas Beer.

Een dringt he, un dat wat öber,
schüft he lies no Oma röber.
Oma strohlt un is ganz baff
de Anner grient un seilt denn af.

Oma denkt noch düt un dat
un föhlt sick gar nicht richtig satt.
Noch een Supp will se sick holen
un söcht dat Lüttgeld tun betalen.

Du leeve Tied, de Schreck is groot,
nu sitt Oma bös in Not.
Se stuckert wütig in ehr Hoor,
ehr Handtasch is mit'n mol nicht door.

Se kiekt sich um und dreiht sick rasch,
un süht an Nebendisch ehr Tasch.
Ehr Arfensupp un dat is wohr,
mit Bockwuss in, steiht ok noch dor.

Und wat lehrt uns de Geschicht?
Dat, was man glövt, dat stimmt oft nicht.
Man mutt ok anner Minschen traun
un jüm nicht glieks de Bockwuss klaun.

Das passende Geschenk!

Der große Tag ist nun gekommen,
mit Freude haben wir's vernommen,
mit Wünschen und mit Gläserklingen
so wollen wir den Tag beginnen.

Doch vorher stellte sich die Frage:
womit erfreut man Dich an so einem Tage?
Ideen platzen bei genauer Sicht ...
das hat sie schon ..., das braucht sie nicht,
das ist zu teuer ... das kriegt sie nicht.

Zum Beispiel:
Farbfernseher, Tageszeitung,
Spülklosett und Wasserleitung,
Badewanne, Telefon ...?
Braucht sie nicht, das hat sie schon!

Hängematte, Gartenzwerge,
Fahnenmast und Blumenkörbe.
Einen Papagei der spricht? ...
Überflüssig – braucht sie nicht!

Ferienhaus an Spaniens Küste,
ein Kamelritt durch die Wüste.
Expedition mit Lagerfeuer?
Kriegt sie nicht, – das ist zu teuer.

T-Shirt, Sonnenhut und Pulli,
Cremes, Parfüms. 'nen neuen Kuli,
großen Atlas, Lexikon?
Wie jede Frau, das hat sie schon!

Luxusauto mit Chauffeur,
eine Kreuzfahrt übers Meer,
die Bezahlung dieser Feier?
Kriegt sie nicht, – das ist zu teuer.

Schränke, Stühle, Tisch und Sessel,
Kannen, Töpfe, Wasserkessel,
eine Schale für Bonbon?
Alles Quatsch, das hat sie schon!

Tennisschläger, Turnschuhe,
für die Wäsche eine Truhe,
eine Waage fürs Gewicht?
Um Himmelswillen – braucht sie nicht!

Was kanns nur sein, was Dich erfreut,
und Dich erinnert gern an heut?
Wir hoffen, was wir mitgebracht,
daß es Dir immer Freude macht.

Überreicht von Elsbeth Heymann

Fleederbeersupp

To Harwstied kannst op Supp di högen,
de groot un lütt mogt veel Vergnögen,
denn all de Minschen eet ehr gern,
de Schnack is hier vun Fleederbeern.

Als letzt spazeern ging ik een Stück,
seh ik ehr blau un riep in Knick,
ik dach bi mi, hol gau een Tüt,
bevör ehr noch een anner süht!

In't Huus kreeg ik to Füür den Pott,
schäll Äppeln gau, een ganzen Dutt,
röhr Griesklümp an mit Wetenmehl,
nehm Nelkenköpp un ok Kanehl,
denn gew ik Zucker an de Supp
un hög mi banne dorup.

Mit eenmol klingelt an de Döör,
dor kömmt Besög – so'n Stücker veer,
se röpen luthals, so as in Chor,
wat hest im Pott? wat kokst du dor?
dat rüükt so goot na Fleederbeer'n,
de Supp, de eeten se wull geer'n...

Dor schööt mi gau dat dörch den Sinn,
hau man noch twintig Klümp dorin,
sonst ward se ja nich richtig satt,
un wedder mal doch recht ik hatt.
Denn eh ik mi dor recht verseh,
weer all de Supp – so een, twee, dree.
För mi Blew nich een Teller mehr,
ik kiek wahrhaftig in de Röhr.

Am anner'n Dag hing to mien Glück,
noch Fleederbeern in annern Knick,
So kööm ik doch noch to mien Supp,
un dütmal et ik gau ehr op!
Fleederbeer'n dat schast du weeten,
is Orginal Holsteener Eeten.

Ach, wenn ich doch e Katzche wär...

Die Sonnche lacht vom Himmelszelt,
nu is der Friehling da.
Was kreucht und fleucht auf dieser Welt,
schreit innerlich: „Hurra“!

Der Mensch jeht öfter nu vor's Haus,
merkt Friehling inne Jlieder,
Marjellens zieh'n Strickjacken aus,
die Liebe lauert hinter'm Mieder.

Die Mutter zählt die Erbsen nach
un stehnt: „Ach, möcht' doch rejnen!
Die Vöjel tschiebsen unter'm Dach,
wo sie sich grad' bejejnen.

Im Fliederbusch, jleich hinter'm Haus,
da lauert Max, der Kater.
Drei Katzen nahmen all Reißaus,
ach, is das ein Theater!

Sie baljen sich die ganze Nacht.
Es ist rein nich zu sagen!
Um's Haus jeht los die wilde Jagd,
bis einem platz der Kragen.

Gar jämmerlich is ihr Jeschrei –
ich kann das nich versteh'n.
Was soll die laute Pranselei?
Das muß doch leiser jehn!

Wenn unsereins hat solch Jefiehl,
denn muß er sich verstecken!
Denn kann er lang nich, wie er will,
sich so vernehmlich necken.

Drum denk' ich manchmal, wie wird' sein,
wenn ich so e Katzche wär,
und alle Katers – groß und klein –
wâren hinter mir so her?

Ich wär' scheen still, wenn einer man
um mich tät' sich erbarmen.
Der könnt auch ohne viel Jebrill
mich, wenn er wollt', umarmen.

Glaubt einer vleicht, ich wär' so dumm
un wird' um's Haus rumrennen?
Ich ziert' mich niemals nich so rum,
ich wird' die Lieb' mir jönnen!

Weil ich ja nu kein Katzche bin,
bleibt vieles unjewiß.
Vleicht is fier mich noch alles drin –
nu, wo doch Friehling is!

Inhaltsverzeichnis der Rezepte

ab Seite

Fingerspiel

Kommt ein Mann aus fernem Land,
nanu, da liegt ja eine Hand.
Was sind denn das für Dinger,
das sind ja wohl die Finger.
Hier ist es warm,
das ist wohl der Arm.
Hulterdipulter, über die Schulter,
da bin ich jedenfalls
wohl schon am Hals.
Das kommt ihm komisch vor,
so ein niedliches, kleines Ohr.
Sonderbar, soviel Haar,
da springt der Tropf
bis auf den Kopf.
Da rutscht er aus
und rennt nach Haus.

Inhaltsverzeichnis

Kindermund

Nils, 3 Jahre alt, ist mit seiner Mutter zum Einkaufen. Da sagt er: „Ich will einen Bonbon!“ „Nein, du bekommst keinen Bonbon“, Pause. „Dann zwei!“

Wie Nils (4 Jahre) seine Träume erlebt!

Morgens erzählt er seiner Mutti: „Ich saß bei Anja auf dem Schoß ... Ich habe sie gesehen, aber ich hatte die Augen zu. Komisch?“

Osternester

Es ist ein äußerst milder Winter und die Winterlinge und Schneeglöckchen blühen im Januar. Auch die Osterglocken und Narzissen zeigen ihre Blätter. Das sieht Nils (5 Jahre) und sagt zu Hilke: „Guck’ mal, die Nester für Ostern kommen schon aus der Erde!“

Ergraut

Tante Magret und Onkel Robert kommen zu Besuch. Nils (5 Jahre) sagt zu Tante Magret: „Warum ist Onkel Robert denn so mehlig? (Er war schon etwas ergraut.)

Dreck statt Speck

Nils (7 Jahre) macht sich Gedanken über seine Figur: „Ich nehme immer mehr ab, jetzt wiege ich 21 kg – ohne Dreck. Mit Dreck wiege ich 23 kg.“ (Oje, oje, denkt die Mutter.)

Weihnachtswunsch

Oma Annekatrin fragt Nils (5 Jahre): „Was wünscht Du Dir denn zu Weihnachten?“ „Puuch, am liebsten einen Roboter, der mein Zimmer aufräumt.“

Nach Anfrage in einem Kaufhaus mußte der Verkäufer aber verneinen und erklärte Nils, daß er das wohl weiter alleine tun müsse.

Strümpfe stopfen

Hilke (2 Jahre) und Freundin Ines fahren zusammen mit dem Dreirad und fallen kopfüber in den Matsch. Beide sind total schmutzig. Hilke's Knie ist etwas aufgeschlagen und so kommt sie weinend zur Mutti und sagt: „Knie kaputt – stopfen!"

Der Puppentausch

Im Kaufhaus tauscht Hilke (2 Jahre) ihre gestrickte Puppe kurz entschlossen mit einer schönen 60,– DM teuren Puppe und stellt ihre Strickpuppe ins Regal zurück.

Kopfkissenträume

Hilke (5 Jahre) erzählt ihrer Mutti ihre Träume und sie beginnt immer so: „Weißt du, Mutti, was ich heute im Kopfkissen gesehen habe!"

Stützräder

Auf dem Autoweg nach Kiel fuhren zwei große Motorräder hinter uns. Hilke (4 Jahre) beobachtete es lange, dann sagte sie: „Mensch, Mutti, die können schon ohne Stützräder fahren!" (Sie hatte gerade selber Fahrradfahren gelernt.)

Petersilie – Nikosilie

Fast täglich durfte Zwillingsbruder Peter (5 Jahre) Petersilie im Garten pflücken. Da wird es dem Zwillingsbruder Niko zu bunt und er sagt: „Warum darf ich nie Nikosilie holen?"

Plattdütsch

Plattdütsch Spraak
un plattdütsch Ort,
plattdütsch Dohn un Denken
müch för alle Tiden fort
uns de Herrgott schenken.

Walter Meß

Manches Gedicht, manche Geschichte und viele Verse, Rezepte und Redensarten wurden mir von Freunden der plattdeutschen Sprache übermittelt, wofür ich mich hiermit herzlich bedanken möchte.

Leider konnte ich nicht alle Quellen ermitteln. Sollte daher ein Autor nicht erwähnt sein, so bitte ich um nachträgliche Genehmigung des Beitrags. Rechtmäßige Ansprüche werden im üblichen Rahmen abgegolten.

Annekatrin Detlef

Der Verlag dankt allen Autoren und Rechtsinhabern für die freundliche Erlaubnis zum Abdruck der Beiträge. In den Fällen, wo die Inhaber der Rechte trotz aller Bemühungen nicht festzustellen waren, verpflichtet sich der Verlag, rechtmäßige Ansprüche im üblichen Rahmen abzugelten.

Bücher aus dem Detlef-Verlag

Handgeschriebenes
Koch- und
Backbuch
DM 25,–
ISBN 3-9802267-0-0

Unterhaltungs-
buch

DM 22,–
ISBN 3-9802267-2-7

Unterhaltungs-
buch
DM 22,–

Bd. 1 ISBN 3-9802267-3-5

Handgeschriebenes
Koch- und
Unterhaltungsbuch
DM 22,–
ISBN 3-9802267-4-3

Handgeschriebenes
Gemüse-
kochbuch
DM 22,–
ISBN 3-9802267-7-8

Unterhaltungs-
buch
DM 22,–

Bd. 2 ISBN 3-9802267-8-6